AF534249

Lars Fr. H. Svendsen

Philosophie der Lüge

Lars Fr. H. Svendsen

Philosophie der Lüge

Aus dem Norwegischen von
Daniela Stilzebach

S. Marix Verlag

Lars Fredrik Händler Svendsen
(geboren 1970) ist Philosoph und Professor für Philosophie an der Universität Bergen. Seine Werke wurden in mehr als 20 Sprachen übersetzt und mehrfach ausgezeichnet. Im Verlagshaus Römerweg ebenfalls von ihm erschienen: »Philosophie der Einsamkeit« (3. Auflage 2022) und »Philosophie für Hunde- und Katzenfreunde – Tiere verstehen« (2019).

Daniela Stilzebach
Studium der Kommunikations- und Medienwissenschaft, Psychologie und Kulturwissenschaften an der Universität Leipzig; Studium der nordischen Sprachen und Literatur an der Universität Bergen/Norwegen; Übersetzerin aus dem Norwegischen, Dänischen und Schwedischen sowie langjährige Berufserfahrung im Bereich Redaktion, Presse- und Öffentlichkeitsarbeit.

Inhalt

Nicht daß du mich belogst,
sondern daß ich dir nicht mehr glaube,
hat mich erschüttert.

Friedrich Nietzsche

Einleitung

Alle lügen. Alle verurteilen Lügen. Wir lügen, obwohl wir der Meinung sind, dass es falsch ist zu lügen. Wir lügen aus Rücksicht auf uns selbst, um besser – oder weniger schlecht – zu erscheinen, als wir es sind, um uns Vorteile zu verschaffen und um Nachteile und Unbehagen zu vermeiden. Wir lügen auch aus Rücksicht auf andere, um ihre Gefühle zu schonen oder zu verhindern, dass es ihnen schlecht geht. Oft ist es nicht eindeutig, ob wir aus Rücksicht auf uns selbst oder andere lügen – zu uns selbst sagen wir gern, es sei aus Rücksicht auf andere, nicht selten ist es jedoch der Fall, dass wir in dem Moment für uns selbst lügen.

Ich erinnere mich nicht daran, wann ich zum ersten Mal gelogen habe und auch nicht, um was sich diese Lüge drehte. Vermutlich war ich drei, vier Jahre alt, denn in dieser Zeit beginnen wir Menschen damit. Wahrscheinlich log ich, um Tadel zu vermeiden für etwas, das ich falsch gemacht hatte. Ein geschickter Lügner bin ich nie geworden. Mein Vater hingegen war ein beachtlicher Lügner. Es handelte sich nicht um bösartige Lügen, sondern um Schwindeleien und Possen, auf die mein Bruder und ich fast ausnahmslos hereinfielen, während es meiner Mutter meist gelang, ihn zu durchschauen. Ich selbst schaffte es nur äußerst selten, jemanden mit meinen Lügen zu täuschen. Einer der Nachteile, der Jüngste in der Familie zu sein, besteht darin, dass alle anderen einem mental voraus sind. Vielleicht war das der Grund, warum ich mich nie zu einem geschickten Lügner entwickelt habe – es glückte mir so selten, dass es wenig inspirierend war, damit fortzufahren. Ganz aufgehört habe ich indessen nicht.

Nachdem sich mir die Möglichkeit des Lügens offenbart hatte, habe ich allen Menschen gegenüber, zu denen ich eine Beziehung habe, gelogen. Ich habe meinen Eltern, meinem Bruder, Freundinnen, meiner Frau, meinen Kindern, Freunden und Kollegen gegenüber gelogen. Nach diesem Eingeständnis sollte ich das Bild differenzieren und ergänzen, dass ich ihnen allen gegenüber größtenteils ehrlich war. Ehrlichkeit ist nicht unbedingt nur Ausdruck eines guten Charakters, sondern auch dem Umstand geschuldet, dass das Dasein einfacher ist, wenn man ehrlich ist. Der Lügner muss sich an doppelt so viel erinnern wie der Wahrheitsgetreue – sowohl daran, wie etwas wirklich gewesen ist als auch daran, was er gesagt hat. Ich ziehe ein unkompliziertes Dasein vor. So betrachtet handelt Ehrlichkeit wohl ebenso sehr von eigener Bequemlichkeit wie von Moral. Die Rücksicht auf die eigene Bequemlichkeit ist jedoch ein zu unsicheres Gelände, um darauf sein Verhalten aufzubauen.

Im Hinblick auf meine eigenen Lügen möchte ich glauben, dass die meisten von ihnen »*weiß*« waren, wenn ich versucht habe, jemanden direkt zu schonen, indem ich ihm gegenüber wenig wahrheitsgetreu war oder ihn indirekt zu schonen, indem ich anderen gegenüber nicht die Wahrheit über die betreffende Person erzählt habe. Es gab aber auch viele von der *»grauen«* und sogar der *»schwarzen«* Sorte, bei denen allein die Rücksicht auf mich selbst ausschlaggebend war, wo größere Schwierigkeiten oder Unbehagen entstanden wären, hätte ich die Wahrheit statt einer Lüge erzählt. Die wirklich kohlrabenschwarzen Lügen, mit denen man wissentlich und willentlich anderen schadet, habe ich im Großen und Ganzen hoffentlich vermieden. Die weißen Lügen waren wohl in der Überzahl. Bedeutet das, dass es in Ordnung ist, was ich getan habe? Ist es moralisch akzeptabel, weiße Lügen zu erzählen? Selbstverständlich ist auch denkbar, dass ich unter einem derart heftigen Selbstbetrug leide, dass ich den Umfang meiner Verlogenheit vor mir selbst verberge, was ich jedoch nicht glaube.

Die meisten Menschen sind überwiegend wahrhaftig.[1] In der Gesamtheit all dessen, was wir zueinander sagen, machen Lügen einen äußerst kleinen Anteil aus. Das bedeutet indessen nicht, dass Lügen kein Phänomen von großer Bedeutung sind. Eine Lüge kann, wenn sie gravierend genug ist, eine Ehe, eine Freundschaft, eine Karriere oder ein Leben zerstören.

Philosophische Diskussionen über die Lüge kreisen heutzutage in hohem Maß um die Frage, was Lüge *ist*, was sie zur Lüge macht und was sie von anderen, verwandten Phänomenen abgrenzt. Diese Diskussionen sind überwiegend sprachphilosophischer Art.[2] Obwohl auch ich mich solcher Fragen annehmen werde, stehen im Zentrum meiner Untersuchung vor allem ethische Fragen. Auch innerhalb der Sozialpsychologie gibt es eine umfassende Lügenforschung, der ich mich jedoch nur in geringem Umfang widme.[3] Einige Funde dieser Forschung sollen hier dennoch kurz genannt werden: Menschen lügen weniger, wenn sie einander von Angesicht zu Angesicht gegenüberstehen und mehr, wenn sie beispielsweise Textnachrichten senden. Extrovertierte Menschen lügen mehr als introvertierte, auch unter Berücksichtigung dessen, dass die soziale Interaktion bei Extrovertierten größer ist. Männer und Frauen lügen in etwa gleich oft, jedoch lügen Frauen häufiger, um die Gefühle anderer zu schonen und Männer mehr, um die eigene Vortrefflichkeit hervorzuheben. Nicht zuletzt lügen wir weniger gegenüber Menschen, zu denen wir eine enge Beziehung pflegen; zudem wird es auch als unangenehmer erlebt, diese anzulügen.

Das erste Kapitel widmet sich einer Begriffsklärung dessen, was man unter *»Lüge«* versteht. Zudem werden die Begriffe Wahrheit und Wahrhaftigkeit näher betrachtet und es erfolgt eine Abgrenzung der Lüge von ihren nahen Verwandten, Wahrheitlichkeit und Bullshit. Unter Lügen versteht man, in einer Situation, in der der Gesprächspartner berechtigten Grund zu der Annahme hat, dass man die Wahrheit sagt, etwas zu sagen, das der eigenen Meinung nach unwahr ist. Eine einigermaßen präzise Definition der grundlegenden Begriffe ist für die weitere Darstellung wichtig.

Das nächste Kapitel beschäftigt sich mit unterschiedlichen Auffassungen von Lüge in der philosophischen Ethik und schlussfolgert grob gesagt, dass Lügen fast immer falsch ist – was auch für die sogenannten weißen Lügen gilt, dass es unter besonderen Umständen jedoch verantwortet werden kann. Anschließend wenden wir uns einem bestimmten Typ der Lüge zu, nämlich der an uns selbst gerichteten. Wir sind notorische Selbstbetrüger, gleichzeitig sind wir der Ansicht, uns selbst gegenüber der Wahrheit verpflichtet zu sein. Außerdem: Wer *»Opfer«* eines umfassenden Selbstbetrugs ist, wer nicht in der Lage ist, sich selbst gegenüber wahrhaftig zu sein, der ist kaum dazu fähig, anderen gegenüber wahrhaftig zu sein. Wer sich nicht selbst vertrauen kann, dem kann auch kein anderer vertrauen.

Zu lügen ist generell falsch, besonders falsch jedoch ist es, seine Freunde anzulügen, weil man zu ihnen ein spezielles Vertrauensverhältnis hat. Mit dieser Thematik beschäftigt sich das nächste Kapitel. Freunde sind stärker dazu verpflichtet, einander gegenüber wahrhaftig zu sein, als das in Bezug auf *»Bekannte«* oder Fremde der Fall ist. Das beinhaltet auch die Verpflichtung, seinen Freunden unangenehme Wahrheiten über sie selbst zu sagen. Die meisten Reflexionen über Freundschaft und Lüge umfassen auch die Beziehung zum Lebens- oder Ehepartner. Dort treten die Aspekte besonders stark zutage, weil es sich in den meisten Fällen um stärkere Bindungen handelt, in denen ein Vertrauensbruch in Form von Lüge als besonders großer Verrat erlebt wird.

Von dort vollziehe ich einen Sprung vom Lügen in engsten Beziehungen hin zum Lügen auf gesellschaftlicher Ebene und betrachte den Stellenwert der Lüge im politischen Leben. Nach einer Abhandlung der wichtigsten philosophischen Beiträge dahingehend, welche Rolle die Lüge in der Politik spielen kann oder sollte, wobei Denker wie Platon, Niccolò Machiavelli, Thomas Hobbes, Max Weber und Hannah Arendt diskutiert werden, wende ich mich der realen Politik zu und erläutere, warum politische Akteure – mit dem Hauptaugenmerk auf Regierungschefs – lügen und inwieweit sie über einen moralisch akzeptablen Grund dazu verfügen. Am Ende des Kapitels widme ich mich der politischen Gestalt, die die meisten anderen Lügenmäuler in den Schatten stellt: Donald Trump.

Im abschließenden Kapitel befasse ich mich mit der Frage, wie wir uns Lügen gegenüber verhalten sollten, nicht nur eigenen Lügen – bei denen die Antwort eindeutig lautet, dass wir versuchen sollten, sie zu vermeiden –, sondern auch gegenüber der Tatsache, dass andere lügen. Die meisten von uns sind nicht besonders gut darin, Lügner zu entlarven. »Indizien«

von Ehrlichkeit und Unehrlichkeit sind dabei wenig wert. Indessen ist man gut beraten, im Großen und Ganzen anzunehmen, dass Menschen die Wahrheit sagen, aus dem einfachen Grund, dass sie dies im Großen und Ganzen tun. Gelegentlich wird man getäuscht werden, allerdings scheint das besser zu sein, als sein Leben in chronischem Misstrauen anderen gegenüber zu verbringen.

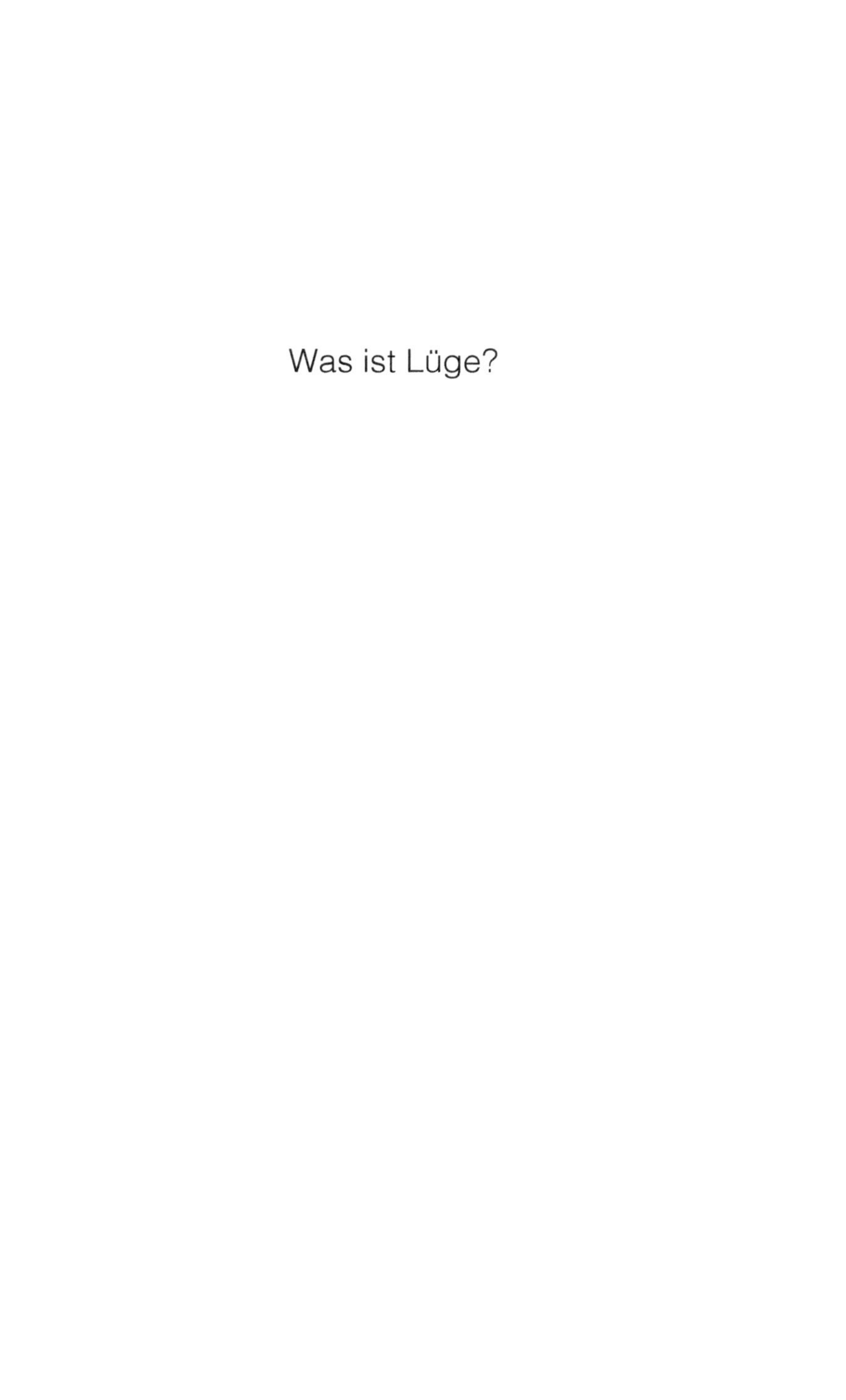

Was ist Lüge?

Wahrheit und Wahrhaftigkeit

Da Lüge gern als Gegenteil von Wahrheit angesehen wird, könnte man denken, dass es einer gut entwickelten Theorie der Wahrheit bedarf, um Lüge zu erklären. Eine solche ist jedoch nicht vonnöten, denn das Gegenteil der Lüge ist nicht Wahrheit, sondern *Wahrhaftigkeit*. Im Allgemeinen ist es recht unkompliziert zu sagen, was es heißt, dass etwas wahr ist. Als der norwegische Philosoph Arne Næss die Auffassungen von Wahrheit gewöhnlicher Leute untersuchte, lautete die Antwort von Hausfrauen im Osloer Stadtteil Vettakollen und anderen Befragten sehr oft: Etwas ist wahr, wenn es so ist, wie es *ist*.[4] Damit schlossen sie sich in etwa der Definition von »Wahrheit« an, die Aristoteles in der *Metaphysik* formuliert hat: »Zu sagen nämlich, das Seiende sei nicht oder das Nicht-Seiende sei, ist falsch, dagegen zu sagen, das Seiende sei und das Nicht-Seiende sei nicht, ist wahr.«[5] Die Behauptung »Der Schnee ist weiß« ist wahr, wenn und nur wenn der Schnee wirklich weiß *ist*.

Eine solche Vorstellung von Wahrheit wirkt angemessen, ist mitunter aber nicht sonderlich aufschlussreich, da sich als Nächstes selbstverständlich die Frage stellt, was wir damit meinen, wenn wir sagen, dass etwas so-oder-so »ist« und über welche Möglichkeiten wir verfügen festzustellen, inwiefern es so-oder-so ist. Es bedarf einer »tieferen« Erklärung dafür, was Wahrheit *eigentlich* ist. Es gibt eine Myriade über mehrere tausend Jahre hinweg entwickelter philosophischer Theorien, die versuchen, das Wesen der Wahrheit zu erklären, im Grunde aber spricht wenig dafür, dass man einer zufriedenstellenden Antwort heute viel näher wäre als vor 2500 Jahren. Beispiele für solche Theorien sind etwa: Wahrheit als Übereinstimmung von Behauptung und Sachverhalt, oder: Eine Behauptung ist wahr, wenn sie in eine umfassende Gesamtheit von Behauptungen passt, die wir als wahr auffassen.

Die Schwierigkeit, eine zufriedenstellende Wahrheitstheorie zu finden, ist womöglich dem Umstand geschuldet, dass die Suche nach einer solchen Theorie misslungen ist. Allen gängigen Wahrheitstheorien gemein ist die Annahme, dass die Wahrheit einen Kern hat, den man durch eine Theorie finden kann, oder dass die Wahrheit über eine bestimmte Eigenschaft verfügt, die durch eine Theorie erklärt werden kann. Indessen spricht viel dafür, dass der Begriff »Wahrheit« so grundlegend ist, dass man ihn nicht durch den Verweis auf etwas Tieferliegendes erklären kann. Wenn ich mich überhaupt einer Wahrheitstheorie anschließen kann, trifft das auf den sogenannten Minimalismus zu. Der Minimalist wird sagen: Wenn es darum geht, ob rund sechs Millionen Juden von den Nationalsozialisten ermordet worden sind, liegt die Wahrheit darin, dass sie ermordet *wurden*. Wenn es darum geht, ob Menschen 46 Chromosomen und Kartoffeln 48 haben, liegt die Wahrheit darin, dass sie so viele *haben*. Dem Minimalisten zufolge gibt es über die Wahrheit nicht viel mehr zu sagen als das. Unterschiedliche Sachverhalte werden ausgehend von ihren spezifischen Kriterien beurteilt, jedoch gibt es keine »tiefe« oder »spannende« Eigenschaft, die all solchen Behauptungen gemein ist und von der gesagt werden kann, dass sie »das Wesen der Wahrheit« ausmache. Vielleicht ist es durchaus in Ordnung, sich mit einer solchen Wahrheitstheorie zufriedenzugeben, denn wir alle *wissen*, was es heißt, über etwas die Wahrheit zu sagen, nämlich, es so zu sagen, wie es *ist*.

Für unseren Zweck ist das alltägliche Verständnis von Wahrheit ausreichend. Es gibt triviale Wahrheiten wie: »Oslo ist die Hauptstadt von Norwegen«, »Der 17. Mai ist Norwegens Nationalfeiertag«, »Gold ist schwerer als Wasser«, »Die Sonne ist größer als der Mond« und »2 + 2 = 4«. Kein vernünftiger Mensch bezweifelt, dass diese Aussagen wahr sind. Man kann sagen, sie sind paradigmatisch wahr. Wir glauben auch, dass es Wahrheiten gibt, die wir noch nicht entdeckt haben und vielleicht niemals entdecken werden. Zum Beispiel wissen wir nicht, wer den ehemaligen schwedischen Ministerpräsidenten Olof Palme ermordet hat, obwohl schwedische Behörden darüber informiert haben, wer ihrer Meinung nach hinter dem Mord steckt, jedoch denken wir, dass es eine

Wahrheit dahinter gibt, die wir hätten aufdecken müssen, sodass die Behauptung: »X hat Olof Palme ermordet« wahr wäre. Die Frage, ob es moralische oder ästhetische Wahrheiten solcher Art gibt, ist kontrovers, soll an dieser Stelle aber nicht weiterverfolgt werden.

Inwieweit man lügt, hängt nicht davon ab, ob das, was man sagt, wahr oder unwahr ist, sondern davon, ob man selbst *glaubt*, dass das, was man sagt, wahr oder unwahr ist. Lese ich einen Zeitungsartikel, in dem steht, dass jemand eines Verbrechens verurteilt wurde und gebe diese Information an eine andere Person weiter, und stellt sich dann heraus, dass der Journalist beim Verfassen des Artikels aufgrund eines Missgeschicks ein »Nicht« ausgelassen hat, sodass im Text hätte stehen müssen, dass der Betreffende faktisch nie für das Verbrechen verurteilt wurde, ist offensichtlich, dass ich der anderen Person gegenüber nicht lüge, obwohl das, was ich sage, unwahr ist. Ist man selbst im Unklaren darüber, was wahr ist, kann man also eine Unwahrheit von sich geben, ohne zu lügen. Damit etwas eine Lüge ist, muss umgekehrt das Gesagte nicht faktisch unwahr sein – es reicht aus, selbst zu glauben, dass es unwahr ist. Wenn ich sage, dass die Ministerpräsidentin ein außereheliches Verhältnis mit dem Vorsitzenden der größten Oppositionspartei unterhält, und ich zudem überzeugt bin, dass dem nicht so ist, ich aber möchte, dass andere es glauben, dann ist das eine Lüge, auch wenn ihre Memoiren viele Jahre später belegen sollten, dass sie in der Tat ein solches Verhältnis hatte. Folglich gibt es wahre Lügen, denn entscheidend dafür, ob es sich um eine Lüge handelt, ist die Auffassung der Person, die sich über den Sachverhalt äußert und nicht der Sachverhalt an sich.

Das Gegenteil der Lüge ist, wie bereits erwähnt, nicht die Wahrheit, sondern die *Wahrhaftigkeit*. Der britische Philosoph Bernard Williams hob Aufrichtigkeit und Genauigkeit als die beiden Tugenden der Wahrhaftigkeit hervor.[6] Mit Aufrichtigkeit ist gemeint, dass man sagt, wie man etwas aufgefasst hat, und mit Genauigkeit, dass man bestrebt ist, aufzudecken, wie es sich faktisch verhält. Aufrichtigkeit ist wenig wert, wenn man keinerlei Versuch unternommen hat, wahr von unwahr zu unterscheiden, und Genauigkeit bringt nichts, wenn man etwas anderes sagt als das, was dem eigenen Glauben nach wahr ist. Nur wenn man im Besitz dieser beiden Tugenden ist, ist man zuverlässig. Man kann die Wahrhaftigkeit auf zwei Arten preisgeben: entweder indem man nicht nach Genauigkeit strebt oder indem man unaufrichtig ist.

Wenn wir mit der Genauigkeit beginnen, ist klar, dass das, was uns als angemessener Einsatz für die Klärung der Haltbarkeit der eigenen Auffassungen erscheint, davon abhängt, wie viel auf dem Spiel steht. Wären wir bestrebt, in jeder Frage die größtmögliche Sicherheit zu erlangen, würden wir niemals etwas erreichen. Es wäre schlichtweg zu anstrengend, überhaupt irgendeine Aussage zu treffen. Man kann alles immer noch gründlicher untersuchen, weiter in die Breite und in die Tiefe gehen, Alternativen erforschen und so weiter. Irgendwann muss man die pragmatische Entscheidung treffen, dass es genügt. Bei den Trivialitäten des Alltags ist es in der Regel nicht nötig, besonders tief zu graben oder viele Alternativen zu erforschen. Geht es jedoch darum, bedeutungsvolle Ansichten weiterzuvermitteln oder etwas zu tun, das Konsequenzen für andere haben wird, sind die Anforderungen strenger. Wer hier keinerlei Versuch unternommen hat, sich bezüglich der Genauigkeit der eigenen Auffassungen zu versichern, der hat im Grunde keine moralische Berechtigung, diese Auffassungen zu vertreten oder gar die Zustimmung anderer einzufordern. Selbstverständlich ist das Recht auf Gedankenfreiheit grundlegend und wir dürfen niemanden zwingen, etwas für wahr zu halten, jedoch ist dies eine juristische Frage, die nicht von der moralischen Verantwortung entbindet, die Genauigkeit der eigenen Auffassungen zu untersuchen.

Wir müssen zwischen *Wahrhaftigkeit* und *Wahrheitlichkeit* unterscheiden. »Wahrheitlichkeit« ist das deutsche Äquivalent zum englischen *truthiness*, das 2005 von der American Dialect Society zum Wort des Jahres gekürt wurde. Erstmalig verwendet wurde der Ausdruck von dem amerikanischen Satiriker Stephen Colbert zur Beschreibung der rhetorischen

Strategie, eher das Bauchgefühl darüber entscheiden zu lassen, was wahr ist, statt sich auf etablierte Fakten und Logik zu berufen. Der Kurzschluss besteht darin, von etwas, das wahr erscheint oder sich wahr anfühlt, darauf zu schließen, dass es wirklich wahr *ist*, ohne sich die Mühe gemacht zu haben, die Sache näher zu untersuchen. In diesem Fall wird der Wahrheitsgehalt nicht von objektiven Fakten, sondern vom Gefühlsleben des Absenders bestimmt: Etwas ist wahr, wenn es sich wahr *anfühlt*. Ausgehend von einer solchen Theorie ist es nicht möglich, überhaupt falsch zu liegen. Dann gäbe es auch keine Wahrheit, nur eine Vielfalt wahrheitlicher Auffassungen. Die Möglichkeit, sich zu irren, ist entscheidend, um überhaupt von Wahrheit sprechen zu können. Können wir nicht zwischen dem trennen, was wahr *wirkt* und dem, was wahr *ist*, dann können wir überhaupt nicht davon sprechen, dass irgendetwas wahr ist. »Wahr« wird zu einem sinnentleerten Ausdruck.

Ganz sicher wissen, dass das, was wir für wahr halten, es de facto auch ist, können wir indessen nie. Was wir als wahr auffassen, ist etwas, das immer in Bewegung ist, etwas Provisorisches. Die Wahrheit ist *evidenz-transzendent*. Damit ist gemeint, dass sie sich immer prinzipiell jenseits der Behauptung befindet, die wir belegen können. Anders ausgedrückt: Ungeachtet all der guten Gründe, die wir haben, um etwas für wahr zu halten, ist immer Raum dafür, dass wir uns irren können. Wir können nie *ganz* sicher sein, dass das, was wir für wahr erachten, faktisch wahr *ist*. Deshalb müssen wir immer die Möglichkeit offenhalten, dass wir uns geirrt haben und weiter nach neuen Wahrheiten suchen. Nur dann kann gesagt werden, dass wir wirklich verantwortungsvoll und mündig als Wahrheitssuchende auftreten. Wir können uns nie auf unseren Lorbeeren ausruhen, denn was heute einleuchtend wirkt, kann morgen wie eine hoffnungslose Wahnvorstellung erscheinen.

Bedeutet das, dass wir der Wahrheit über die Welt niemals näherkommen? Das wäre eine Übertreibung. Auch wenn wir nie wissen können, ob wir die endgültige Wahrheit über etwas gefunden haben, lassen wir zumindest immer wieder einige Irrtümer hinter uns.

Der Philosoph Immanuel Kant beschreibt den Aufklärungsgedanken als einen Imperativ dahingehend, den *eigenen Verstand* dafür zu nutzen, die »selbstverschuldete Unmündigkeit« zu überwinden.

> »*Aufklärung ist der Ausgang des Menschen aus seiner selbstverschuldeten Unmündigkeit. Unmündigkeit* ist das Unvermögen, sich seines Verstandes ohne Leitung eines anderen zu bedienen. *Selbstverschuldet* ist diese Unmündigkeit, wenn die Ursache derselben nicht am Mangel des Verstandes, sondern der Entschließung und des Muthes liegt, sich seiner ohne Leitung eines anderen zu bedienen. *Sapere aude*! Habe Muth, dich deines

> eigenen Verstandes zu bedienen! ist also der Wahlspruch der Aufklärung.«[7]

Das bedeutet nicht, dass man außer Acht lassen soll, was andere denken, es beinhaltet jedoch, dass man selbst die Verantwortung für das übernehmen muss, was man denkt, was man für wahr und gut erachtet und nicht zuletzt für das, was man anderen mitteilt. Man kann nie die Kontrolle über die Wahrheit erlangen – sie überschreitet immer die *Gründe*, die man haben kann, etwas für wahr zu halten – aber man kann Kontrolle über seine eigene Wahrhaftigkeit erlangen, über sein eigenes Bestreben, die Wahrheit zu sagen oder dies nicht zu tun.

Das Wesen der Lüge

Es ist nicht ganz einfach, die Lüge klar einzugrenzen, da es sich häufig nicht um ein Entweder-Oder handelt, sondern vielmehr um etwas, das in Graden stattfindet, wobei keine klare Grenze gezogen werden kann, die zeigen würde, ab wann man sich nicht nur irreführend äußert, sondern lügt. Lässt man entscheidende Informationen weg, kann das Gesamtbild unwahr werden, auch wenn alles, was man sagt wahr ist. Einzelne Philosophen wie Kant würden behaupten, dass in einem solchen Fall nicht von Lüge die Rede ist, sondern lediglich von einer trügerischen Aussage, die Kant zufolge nicht ganz so schlimm ist wie die Lüge.

Wie beschrieben ist Genauigkeit eine der beiden Tugenden der Wahrhaftigkeit, wobei Genauigkeit auch einschließt, dass man sich in einer Weise ausdrückt, die nicht irreführend ist. Wenn ich sage »Der Kopf tut weh.«, wird in allen normalen Kontexten stillschweigend vorausgesetzt, dass mir der Kopf schmerzt, und nicht, dass es sich um den Kopf von jemand anderem handelt, auch wenn die Aussage an sich nicht spezifiziert, um wessen Kopf es sich dreht. Entscheidend dafür, inwiefern etwas als Lüge betrachtet wird, ist normalerweise nicht nur der spezifische Wortlaut. Auch wenn das, was man sagt, rein wortwörtlich richtig ist, kann es dennoch gelogen sein, wenn die Absicht der Aussage darin besteht, Menschen dazu zu bringen, etwas Unwahres zu glauben. Bill Clinton sagte bekanntermaßen über sein Verhältnis zu Monica Lewinsky: »There is no improper relationship.« Im Wortlaut entsprach das der Wahrheit, weil er zum Zeitpunkt dieser Aussage kein Verhältnis zu der Praktikantin hatte. Die Absicht des Gesagten bestand jedoch darin, die Leute glauben zu lassen, dass es auch kein unangemessenes Verhältnis gegeben hatte. Als er darum gebeten wurde, näher auszuführen, was er meinte, sagte er: »It means that there is not a sexual relationship, an improper sexual relationship, or any other kind of improper relationship.« Der Journalist stellte eine Anschlussfrage:

»You had no sexual relationship with this young woman?« Woraufhin Clinton erneut antwortete: »There is not a sexual relationship; that is accurate.« Indem er sich entschied, die Frage, die ihm über seine Vergangenheit gestellt worden war, konsequent im Präsens zu beantworten, sagte Clinton im Wortlaut die Wahrheit; dennoch ist es berechtigt, seine Aussage als Lüge zu betrachten, weil die Absicht der Aussage darin bestand, Menschen dazu zu bringen, etwas zu glauben, von dem Clinton bewusst war, dass es nicht der Wahrheit entsprach.

Nicht jede Aussage ist zwangsläufig als Lüge zu betrachten, nur weil sie es ihrer wortwörtlichen Bedeutung zufolge ist – sonst würde der Gebrauch von sprachlichen Figuren wie Metaphern und Ironie dazu führen, dass man zum chronischen Lügenbold wird. Umgekehrt hat auch die Tatsache, dass das Gesagte buchstäblich wahr ist, nicht zwangsläufig zur Folge, dass man nicht lügt. Sollte man dennoch darauf bestehen, dass eine Aussage keine Lüge ist, einzig und allein aus dem Grund, dass sie ausgehend von ihrer wörtlichen Bedeutung wahr ist, gewinnt man damit nicht unbedingt viel, da eine sprachliche Täuschung moralisch kaum vertretbarer ist als eine Lüge.

Wenn Lüge so verstanden wird, dass man nicht die volle Wahrheit sagt, würden wir kaum etwas anderes tun als lügen, weil es nichts gibt, worüber wir die ganze Wahrheit sagen können. Jedes Phänomen ist prinzipiell unerschöpflich – es gibt immer etwas mehr zu sagen. Selbst die triviale Antwort darauf, was man an einem Arbeitstag getan hat, kann selbstverständlich nicht absolut alles aufzählen. Wenn ich eine Einführungsvorlesung zu Kants theoretischer Philosophie halten soll, muss ich zwangsläufig eine Menge Details auslassen, von denen viele wichtig sind, wenn ich darauf hoffen soll, die Studierenden in diese komplizierte Thematik einzuführen. Jedoch weise ich oft darauf hin, dass das Ganze eigentlich etwas komplizierter ist, als ich es erklärt habe, dass das von mir Gesagte zum aktuellen Zweck allerdings hinlänglich genau und ausreichend ist. Schlägt ein Arzt einem Patienten eine bestimmte Behandlung vor, kann er nicht *jedes* erdenkliche Risiko erklären, sondern muss sich mit dem Wesentlichen begnügen.

Wir nähern uns erst dann der Lüge, wenn die Auslassungen absichtlich so beschaffen sind, dass wir ein anderes Bild vermitteln als das, für das es unserer Meinung nach Belege gibt. In einem solchen Fall wird die andere der beiden Wahrhaftigkeitstugenden, die Aufrichtigkeit, aufs Spiel gesetzt. Hier finden sich gleitende Übergänge zwischen Lüge und dem, was in der Politik gern als *Spin* oder strategische Kommunikation bezeichnet wird. Ein Politiker gibt gerne genau ausgewählte Informationen preis, die so beschaffen sind, dass sie seine Meinung unterstützen. Auch das Plädoyer eines Verteidigers muss als *Spin* betrachtet werden, das recht einseitig gewichtet, was für die Unschuld des Angeklagten spricht, obwohl dem Anwalt bewusst ist, dass das Bild in Wirklichkeit komplizierter ist.

Das norwegische Strafgesetz beinhaltete einst eine Bestimmung, wonach derjenige, der durch »lügnerische Vorspiegelungen« versuchte, die Stimmabgabe des Volkes zu beeinflussen, mit bis zu drei Jahren Gefängnis bestraft werden konnte. Da es sich um einen ruhenden Paragrafen handelte, wurde er jedoch abgeschafft. Wäre eine solche Bestimmung streng gehandhabt worden, hätten wohl viele Politiker gefährlich gelebt. Wahlversprechen scheinen indessen ein Genre zu sein, in dem das, was man sagt, nur wenig verpflichtend ist. Man kann die Frage stellen, ob Wähler im Kontext eines Wahlkampfs nicht über eine begründete Erwartung hinsichtlich der Wahrheit verfügen. Nichts an der Wahlkampfsituation besagt, dass eine allgemeine Akzeptanz dafür besteht, mit absichtlichen Unwahrheiten zu agieren. Euphemismen und Übertreibungen sind dabei eine Sache, direkte Lügen jedoch eine andere. Wer nicht hinreichend sicher sein kann, im Fall eines Sieges ein Wahlversprechen halten zu *können*, der sollte es auch nicht abgeben, und wer gelogen hat, sollte dafür unbedingt zur Verantwortung gezogen werden. In diesem Zusammenhang muss jedoch erwähnt werden, dass die Wähler es gewohnt sind, dass Politiker dick auftragen und Unmengen an Wahlversprechen aufbieten, weshalb hier die Erwartungen an Wahrhaftigkeit geringer sind als üblich; direkte Lügen aber sind dennoch inakzeptabel.

Ein *Spin* ist zweifellos irreführend, jedoch noch keine Lüge. Zur Lüge wird er erst, wenn man Menschen etwas anderes glauben macht als was man selbst für den Fall hält. Augustinus definiert Lüge als vorsätzlichen Betrug, indem man etwas anderes sagt, als man denkt.[8] In philosophischen Diskussionen über die Definition von Lüge herrscht große Uneinigkeit darüber, inwieweit die Absicht irrezuführen oder zu betrügen Teil der Definition sein muss. Sollen wir erklären, was ein Lügner ist, sehen wir typischerweise einen Akteur vor uns, der andere betrügt, indem er vorsätzlich etwas anderes sagt als das, was nach seiner eigenen Meinung der Fall ist. Dennoch gehöre ich zu jenen, die der Ansicht sind, dass Betrug nicht als Aspekt in die *Definition* von Lüge einfließen sollte, da es Lügen gibt, die ganz offensichtlich Lügen sind, bei denen sich jedoch keine Absicht findet, faktisch jemanden zu betrügen.

Setzt man voraus, dass eine Lüge zur Absicht haben muss, jemanden zu betrügen, indem man ihn zu dem Glauben bewegt, dass die Fakten anders sind, als sie es tatsächlich sind, bekommt man Schwierigkeiten im Umgang mit Fällen, bei denen eine Person etwas Unwahres sagt und sich dessen bewusst ist, sich aber auch im Klaren darüber ist, dass nahezu jedem Empfänger bewusst sein wird, dass es unwahr ist. Kurz gesagt: Es gibt Lügen, die so offensichtlich sind, dass sie nicht zur Absicht haben, jemanden zu täuschen. Nehmen wir an, ich hätte den Ruf eines notorischen Kleptomanen, und eines Tages wird auf der Arbeit das Portemonnaie der am Schreibtisch neben mir sitzenden Kollegin gestohlen, während sie kurz weg war, um etwas aus dem Drucker zu holen. Zudem habe ich es tatsächlich gestohlen. Als sie mich fragt, ob ich es gestohlen habe, leugne ich heftig. Damit sage ich die Unwahrheit und bin mir bewusst, dass ich das tue. Zudem weiß ich um meinen einschlägigen Ruf auf diesem Gebiet, weshalb weder die Eigentümerin des Portemonnaies noch irgendein anderer mir glauben wird. Ich habe also keinerlei Hoffnung, jemanden dahingehend täuschen zu können, etwas anderes zu glauben als das, was der Tatsache entspricht, dass ich es gestohlen habe. Meine einzige Ambition den Diebstahl zu leugnen, besteht darin, nicht bestraft werden zu können, weil meine Schuld nicht bewiesen werden kann. In einem solchen Fall scheint klar zu sein, dass ich lüge, ohne jedoch die Intention zu haben, mit meiner Lüge jemanden zu täuschen.

Anders verhält es sich bei dem Mann, der als »komischer Ali« bekannt wurde: Mohammed Saeed al Sahaf. Er war unter Saddam Hussein Informationsminister und wurde aufgrund seiner täglichen Pressebriefings während der Invasion im Irak 2003 bekannt, in denen er unter anderem behauptete, dass es in Bagdad keinen einzigen amerikanischen Panzer gäbe, während jeder Journalist vor Ort feststellen konnte, dass diese Panzer sich de facto nur einige Hundert

Meter entfernt befanden und obwohl während seiner Rede die Geräusche von Kämpfen zwischen amerikanischen und irakischen Truppen zu hören waren. Er kann unmöglich geglaubt haben, dass das von ihm Gesagte wahr wäre oder dass man ihm glauben würde. Dennoch müssen seine Aussagen zweifellos als Lügen betrachtet werden.

Derartig eindeutige Lügen, die keine Täuschungsabsicht beinhalten, können als Sonderfall der Lüge betrachtet werden, weshalb ihnen in der weiteren Diskussion nicht allzu viel Gewicht beigemessen wird. Wenn ich von »Lügen« schreibe, ohne näher zu benennen, von welcher Art Lüge die Rede ist, beziehe ich mich durchweg auf »gewöhnliche« Lügen, bei denen auch eine Absicht vorhanden ist irrezuführen oder zu täuschen. Sowohl die nicht-trügerischen als auch die trügerischen Lügen brechen mit den Spielregeln dafür, wie wir miteinander kommunizieren sollten; die trügerischen sind jedoch problematischer, weil sie auch ein Element von Zwang beinhalten, indem der Lügner versucht, dem Zuhörer die Fähigkeit zu entziehen, freie und informierte Entscheidungen zu treffen.

Wenn ich jemanden anlüge, versuche ich normalerweise, ihn über zwei Bereiche irrezuführen: erstens über meinen Gemütszustand, das heißt darüber, welche Auffassungen ich von einem Sachverhalt habe, und zweitens über den Sachverhalt an sich. Zu diesem Thema gibt es indessen vielfältige Variationen, so kann ich zum Beispiel irreführen, indem ich etwas Wahres sage, jedoch in einer Weise, die meinen Gesprächspartner glauben lässt, ich würde nicht die Wahrheit sagen. Nehmen wir an, ich sei im Aktienhandel aktiv und setzte großes Vertrauen in ein Unternehmen, das an die Börse gehen will. Auch einer meiner ärgsten Konkurrenten, der wenig Grund dazu hat, mich als zuverlässig zu erachten, glaubt an das Unternehmen. Wenn ich nun im Gespräch das Unternehmen in den höchsten Tönen lobe, gern mit einer kleinen Extraportion gespieltem Enthusiasmus, wird er vermutlich glauben, dass ich unehrlich bin und womöglich etwas weiß, das er nicht weiß, kurz gesagt, dass ich versuche, ihn dahingehend zu täuschen, dass er extensiv in diesen Börsengang einsteigt. Eine mögliche Konsequenz wäre, dass er die Aktie fallen lässt und ich mich sozusagen an den gedeckten Tisch setzen kann. Ich sage also die Wahrheit, führe ihn jedoch hinsichtlich meines Gemütszustands in die Irre. Ist das eine Lüge? Wohl kaum einzig und allein, weil ich etwas sage, das ich faktisch für wahr halte. Eine andere Möglichkeit ist, dass ich etwas sage, das wir beide, sowohl mein Gesprächspartner als auch ich, für unwahr halten, ich es aber in einer solchen Weise sage, dass er glaubt, ich würde es für wahr erachten. Lüge ich in diesem Fall? Das tue ich wohl, obgleich ich ihn nur hinsichtlich meines Gemütszustands und nicht hinsichtlich eines Sachverhalts irreführen will.

Die Grenzziehung zwischen spezifischer Lüge und allgemeiner Täuschung ist schwierig. Man kann lügen, ohne ein Wort zu sagen. Ist mir bewusst, dass in einem bestimmten Zusammenhang mein Schweigen als Zustimmung dazu gedeutet wird, dass etwas wahr ist, ich Selbiges tatsächlich aber für unwahr erachte, lüge ich, indem ich mich still verhalte. Kann man durch Lachen lügen? Kaum, jedoch kann man mit Lachen täuschen, wenn etwas Gesagtes lustig gemeint war, aber nicht im Geringsten lustig ist und man lacht, um die gute Stimmung nicht zu zerstören. Das Lachen, das hier nicht spontan, sondern erzwungen ist, ist keine sprachliche Äußerung; indem man lacht, kommuniziert man jedoch eine Botschaft: »Das ist lustig!« Ich erinnere mich an ein Abendessen bei einem ausländischen Botschafter, bei dem ein bekannter norwegischer Politiker am Tisch nicht nur einen, sondern eine Reihe von Witzen zum Besten gab. Diese waren meines Erachtens keineswegs lustig, und ich glaube, dass abgesehen von besagtem norwegischem Politiker alle derselben Meinung waren. Einer seiner Witze lautete beispielsweise: »Ein Junge und ein Mädchen waren ein Paar, und er sagte: ›I love you!‹ Da entgegnete das Mädchen: ›I love you too!‹ Der Junge wollte ihr in nichts nachstehen und sagte: ›I love you three!‹« Eine ehrliche Reaktion wäre gewesen, dem Witzeerzähler mit steinerner Miene zu begegnen, was aber zweifellos zu schlechter Stimmung geführt hätte. War es richtig von mir, höflich zu lächeln? Weil alle lachten, verstärkte sich beim Redner die irrige Annahme, er sei lustig, weshalb er wohl beim nächsten Abendessen mindestens ebenso viele schlechte Witze dargeboten haben wird, die ihm wiederum mit falschem Lachen quittiert worden sind. So wird es sich fortgesetzt haben. Glücklicherweise war ich nur bei einem Abendessen mit ihm.

Die vom Witzbold erzählte Geschichte hat sich so vermutlich kaum zugetragen. Hat er gelogen, als er sie erzählte? Humoristisches würde in den meisten Fällen als Lüge aufgefasst, würde man es wörtlich nehmen. Stellt man mir zum Beispiel die Frage, wie ich sterben möchte, wenn der Tag gekommen ist, kann ich geradeheraus antworten, dass es mir als ein guter Tod erscheint, nach einem langen und erfüllten Dasein ruhig im Schlaf aus dem Leben zu scheiden. Unterdessen kann ich den Anlass auch dazu nutzen, der Antwort eine satirische Wendung zu verpassen, indem ich sage: »Ich möchte in Frieden sterben, während ich schlafe, wie mein Großvater es tat, und nicht verzweifelt und schreiend wie die Passagiere in dem Auto, das er lenkte.« Der letzten Formulierung wohnt nicht viel Wahrheit inne. Ob einer meiner Großväter im Schlaf gestorben ist, weiß ich nicht, denn soweit ich es sagen kann, könnten sie kurz zuvor noch aufgewacht sein. Ich weiß aber, dass sie beide im Bett lagen, als es geschah, und keiner von beiden am Steuer eines Autos saß, dessen übrige Passagiere ihnen auf dem Fuße in den Tod folgten. Indessen sollte für die meisten offensichtlich sein, dass es nicht Absicht meiner Aussage war, etwas Wahres mitzuteilen, sondern nur einen Scherz zu machen, und ich dabei eher wie ein Schauspieler agiere. Der Charakter der Aussage und die Art, in der ich sie artikuliere, sollte klar signalisieren, dass sie keinen Anspruch auf Wahrheit erhebt, und dann handelt es sich auch nicht um eine Lüge.

Allerdings verfügen nicht alle Menschen über einen gut entwickelten Sinn für Humor, und könnten eine solche Aussage wörtlich nehmen. Selbstverständlich würde ich das Missverständnis dann schnell aufklären. Einige Menschen nehmen sogar den Großteil aller Äußerungen wortwörtlich und beherrschen figurativen Sprachgebrauch nicht sonderlich gut. Manchmal sagen wir bewusst Dinge, die im wörtlichen Sinne unwahr sind, ohne dass wir aus diesem Grund lügen. Ein eindeutiges Beispiel dafür ist Ironie. Wenn ich zum Beispiel sage: »Heute ist richtig schönes Wetter!«, obwohl es in Strömen gießt und ein heftiger Wind weht, bin ich normalerweise ironisch. Was ich sage, ist im wörtlichen Sinne unwahr, weil allen gängigen Normen entsprechend kein schönes Wetter ist, und ich weiß, dass es unwahr ist, dennoch ist es keine Lüge. Im alltäglichen Sprachgebrauch verfügen wir über eine Reihe von Stilmitteln, die von der wörtlichen Bedeutung ablenken, ohne dass uns dies zu chronischen Lügnern macht.

Einmal erhielt ich von einem Mitglied einer winzig kleinen politischen Partei eine wütende E-Mail, in der ich beschuldigt wurde, die Partei betreffend gelogen zu haben. Der Hintergrund war, dass ich in einem Radiointerview gesagt hatte, es gäbe in der norwegischen Politik niemanden, der reinen *Laissez-faire*-Kapitalismus befürworte, der also fordere, dass alle wirtschaftlichen Transaktionen zwischen privaten Akteuren ohne staatliche Einmischung vonstattengehen. Mit Ausnahme der Liberalen Volkspartei, fügte ich hinzu – wies aber auch darauf hin, dass »das ja auch nicht mehr sind, als Platz in einer Telefonzelle finden«. Der wütende E-Mail-Verfasser behauptete, dies sei eine glatte Lüge, da die Partei mehr Mitglieder habe, als dass eine Telefonzelle ausreichend Platz für sie alle böte. In einer Hinsicht hatte mein aufgebrachter Kritiker recht: Der Norwegenrekord für die Anzahl der in eine Telefonzelle gepressten Personen liegt bei 20, und die Liberale Volkspartei hatte mehr als 20 Mitglieder. Indessen war wohl den meisten Zuhörern klar, dass ich mit dieser Formulierung nicht sagen wollte, die Liberale Volkspartei habe weniger als 20 Mitglieder, sondern dass ich darauf hinweisen wollte, dass es sich um eine winzige Partei ohne politischen Einfluss handelte. Wenn man rhetorische Tropen – sprachliche Figuren unterschiedlicher Art – verwendet, will man normalerweise etwas sagen, das rein wörtlich betrachtet nicht wahr ist. Dennoch ist recht eindeutig, dass man nicht lügt, wenn man sich einer solchen Formulierung bedient, weil man sie erstens nicht buchstäblich meint und weil zweitens aus dem Kontext meist klar hervorgeht, dass sie nicht buchstäblich zu nehmen ist.

Wenn man einen flüchtigen Bekannten trifft und auf dessen Frage nach dem eigenen Befinden antwortet, alles sei in Ordnung, obwohl dies streng genommen nicht der Fall ist, kann das kaum als Lüge bezeichnet werden, da die soziale Konvention hier in hohem Maße vorgibt, Standardphrasen zu äußern – das Ganze ähnelt eher einem Händedruck als einem echten Meinungsaustausch. Wo Menschen mit dieser Art Konvention brechen, können sich recht seltsame Situationen ergeben. Wenn man zum Beispiel im Vorbeigehen auf dem Flur einen Kollegen fragt, ob bei ihm alles in Ordnung ist und er daraufhin breit und ausführlich von seinen blutenden Hämorrhoiden berichtet, dann würde der Großteil von uns es sicher vorziehen, er hätte stattdessen »gut« geantwortet. Da die Konvention dieser Art von Kommunikation besagt, dass man als Antwort nichts anderes als »gut« erwarten muss, wäre es keine Lüge, wenn er »gut« antworten würde, obwohl ihn dieses Leiden plagt. In derartigen Zusammenhängen betrachten wir das Gesagte oft nicht als genuinen Ausdruck dessen, was wir denken und fühlen. Vielmehr handelt es sich um Rituale, die in einer bestimmten Art und Weise durchgeführt werden. Ich kann genau das meinen, was ich sage, oder aber das glatte Gegenteil davon; was ich aber sage, liefert im Grunde nicht sehr viel Information darüber, was ich tatsächlich denke. Gerade weil es

Höflichkeitsnormen gibt, die in solchen Kontexten stark ins Gewicht fallen, können wir keine berechtigte Erwartung daran setzen, dass die Leute genau das meinen, was sie sagen, weshalb sie auch nicht lügen, wenn sie etwas anderes sagen als das, was sie meinen.

Es hängt also vom Kontext ab, ob wir eine Äußerung als Lüge betrachten. In den meisten Situationen hat man Grund zu der Annahme, dass das Gegenüber ehrlich ist. Wenn jedoch ein Schauspieler auf der Bühne steht, beispielsweise in der Verkörperung von Henrik Ibsens Figur Brand, erleben wir ein eindeutiges Beispiel für das Gegenteil. Wir werden nicht annehmen, dass der Schauspieler glaubt, die Lebensaufgabe des Menschen bestünde darin, sich Gott kompromisslos hinzugeben, selbst wenn er dem in seiner Rolle auf der Bühne Ausdruck verleiht. Wer weiß, vielleicht ist der Darsteller Atheist. In einem solchen Kontext lügt der Schauspieler nicht, obwohl er in seiner Rolle etwas sagt, das er selbst nicht für wahr hält; das Publikum hat keinen Grund zu erwarten, dass er wahrhaftig ist.

Wie verhält es sich mit Romanen? Genügt die Bezeichnung »Roman« auf dem Buchcover als Beweis dafür, dass der Inhalt des Buches nicht als Ausdruck von Wahrheit betrachtet werden kann? Oft ist es so, als Zweifelsfall könnte jedoch die sogenannte Wirklichkeitsliteratur herangezogen werden. Ebenso sehr, wie ein Roman wahr sein kann, kann er auch lügenhaft sein. Kant würde behaupten, ein Roman kann per Definition nicht lügen, einfach, weil er ebenso wenig wahr ist. In seiner *Kritik der Urteilskraft* weist Kant darauf hin, dass die Dichtkunst sich rhetorischer Stilmittel bedient und einen Schein erschafft, der jedoch keinen Betrug beinhaltet, da Belletristik nicht nach Wahrheit strebt: »In der Dichtkunst geht alles ehrlich und aufrichtig zu.«[9] Die Dichtkunst ist also ehrlich, weil sie nicht vorgibt, wahr zu sein. Das Problem mit der Wirklichkeitsliteratur liegt darin, dass sie sich gerade nicht eindeutig im Reich der Fiktion bewegt. Der Wirklichkeitseffekt, der sich durch die Verwendung realer und identifizierbarer Personen äußert, kann zweifellos einen ästhetischen Wert haben. Der Preis, den man für ein solches Übergreifen der Fiktion in die Wirklichkeit mitunter bezahlen muss, besteht in der Verantwortung dafür, wahrhaftig zu sein sowie in dem Risiko zu lügen.

Lüge ich, wenn ich ein Auto verkaufen will und dem Interessenten mitteile, dass ich unter keinen Umständen unter 20 000 Euro gehen will, wenn meine reale Grenze bei 18 000 liegt? Das ist abhängig davon, ob Verhandlungen über Verkaufssummen ein Bereich sind, in dem es berechtigten Grund dafür gibt, Wahrhaftigkeit zu erwarten oder ob wir in einer Bieterrunde ein anderes Sprachspiel spielen, bei dem die Wahrheit nicht zentral ist. Ich würde offensichtlich lügen, würde ich wissentlich etwas Falsches über das Auto an sich sagen, wie etwa, dass es nur 30 000 Kilometer gelaufen ist, wenn es in Wirklichkeit doppelt so viel war – in dieser Hinsicht kann der Käufer berechtigt Wahrhaftigkeit erwarten. Bei Preisverhandlungen scheint der Fall nicht genauso eindeutig.

Lüge ich, wenn ich etwas in dem Glauben gesagt habe, dass es wahr ist, dann herausfinde, dass dem nicht so ist, aber nichts unternehme, um meine frühere Aussage zu korrigieren? Ich habe nicht gelogen, als ich es aussprach, weil ich etwas sagte, das meinem Glauben nach der Wahrheit entsprach, mit meinem Schweigen aber trage ich dazu bei, eine Unwahrheit aufrechtzuerhalten, die ich selbst in Umlauf gebracht habe. Das ist beinahe so verwerflich, als hätte ich von Anfang an gelogen. Sehr ernst wird es selbstverständlich, wenn es zum Beispiel den Ruf einer Person betrifft. Die meisten von uns haben schon einmal lose Gerüchte weitergetragen, um dann festzustellen, dass sie kaum der Wahrheit entsprachen. Hier wäre es moralisch angebracht, diejenigen, unter denen man die Gerüchte verbreitet hat, darüber in Kenntnis zu setzen, dass das Gesagte nicht der Wahrheit entsprach. Das aber tun doch die wenigsten von uns, vermutlich, um nicht ihr Gesicht zu verlieren.

Die Verpflichtung zur Wahrhaftigkeit gilt selbstverständlich auch für unsere Aktivitäten in den sozialen Medien. Dort einen Artikel zu posten, ist eine Art Empfehlung, abgesehen von Fällen, in denen man zusätzlich einen Text schreibt, der den Artikel problematisiert. Postet man ihn, obwohl man ihn nicht für wahr hält, sondern weil er viele Likes einbringt oder jemandem schadet, den man nicht mag, dann ist man ein Lügner. Glaubt man, der Artikel habe etwas zu bieten, unternimmt jedoch nichts, um sich zu versichern, dass der Inhalt den Anforderungen gerecht wird, beispielsweise einer glaubwürdigen Quelle entstammt, agiert man wahrheitlich. Wer Gerüchte weiterverbreitet, ist kein Lügner, sofern er die Gerüchte selbst glaubt, aber auch nicht wahrhaftig, weil er nicht genug unternommen hat, um sich ausreichend zu vergewissern, dass die Gerüchte wirklich der Wahrheit entsprechen. Zielt man darauf ab, ein einigermaßen wahrhaftiger Mensch zu sein, sollte man vorsichtig damit sein, Gerüchte weiterzuverbreiten. Eine Mehrzahl der in den sozialen Medien geteilten Nachrichten wurde von demjenigen, der sie teilt, faktisch nie gelesen. Meist begnügt man sich mit dem Lesen der Überschrift und macht sich nicht einmal die Mühe zu prüfen, ob die Überschrift den Inhalt des Artikels einigermaßen abdeckt. Verblüffend oft ist das nicht der Fall, da die primäre Funktion von Überschriften darin besteht, Likes zu generieren. Noch seltener macht man sich die Mühe herauszufinden, ob der Artikel von einer zuverlässigen Quelle stammt und inwieweit die Behauptungen darin scheinbar belegt sind. Durch das Teilen versieht man den Artikel mit einem Genehmigt-Stempel, solange man nicht explizit auf etwas anderes aufmerksam macht. Als verantwortlicher Teilnehmer des öffentlichen Wortwechsels hat man versagt.

Ludwig Wittgenstein schreibt: »Das Lügen ist ein Sprachspiel, das gelernt sein will wie jedes andere.«[10] Diese Behauptung ist ein bisschen merkwürdig. Bei der Verwendung von Sprache sind wir Teilnehmer unterschiedlicher »Spiele«, die Regeln haben. Wie aber lauten die Regeln eines Lügensprachspiels? Überhaupt ist Lüge ein verzwicktes Phänomen, das schwer im Rahmen von Wittgensteins Philosophie behandelt werden kann. Ein grundlegendes Prinzip bei Wittgenstein ist, dass das Verständnis innerer Prozesse immer äußerer Kriterien bedarf.[11] Da stellt sich die Frage: Was ist das äußere Kriterium einer Lüge? Dass eine Aussage falsch ist, kann es nicht sein, denn man kann die Unwahrheit sagen, ohne zu lügen, wenn man im Unklaren darüber ist, was wahr ist. Worin sich beides unterscheidet, ist die *Absicht* dessen, der spricht, zu verbergen, was er eigentlich denkt oder nicht. Wie kann sich diese Absicht im Äußeren *zeigen*? Die Antwort darauf ist alles andere als eindeutig. Und was die Formulierung über die Lüge als Sprachspiel betrifft, so ist es naheliegender, sie als einen vorsätzlichen Bruch mit den Regeln eines Sprachspiels zu betrachten, so wie eine Person mit den Regeln des Schachspiels bricht, die einen Turm schräg bewegt.

Auf der anderen Seite leuchtet ein, dass das Lügen gelernt werden muss. Es erfordert Übung, die Urteilskraft zu erwerben, um ein geschickter Lügner zu werden. Beispielsweise muss man in der Lage sein, etwas Relevantes glaubwürdig zu äußern. Wird ein Nachbar, mit dem ich einen langwierigen Streit hatte, tot aufgefunden, noch immer warm, mit einem Küchenmesser im Rücken, und ein Ermittler fragt mich, wo ich im Laufe des Tages war, kann ich nicht antworten, dass ich in der Antarktis war, da das offensichtlich unwahr ist. Ich kann auch nicht antworten, ich wäre nördlich des Äquators gewesen, denn auch wenn das wahr ist, ist es so unpräzise, dass es lediglich wie der Versuch wirkte, einer Antwort zu entgehen. Ebenso wenig wird es funktionieren, wenn ich sage, dass die Coronapandemie langfristig ernsthafte Folgen für die Wirtschaft haben wird, denn auch wenn das für sich genommen stimmt, ist es im aktuellen Kontext vollkommen irrelevant. Alle drei Aussagen sind Versuche, die wahre Antwort auf die gestellte Frage zu umgehen. Die erste der drei Antworten ist eine Lüge, allerdings eine schlechte. Die beiden anderen Antworten sind zwar wahr, aber ungenau oder irrelevant. Eine funktionierende Lüge muss sowohl wahr wirken als auch den Ermittler in einer zweckmäßigen Weise irreführen. Diese Kunst zu erlernen, braucht seine Zeit.

Eine Methode, direkte Lügen zu vermeiden, ist Vagheit. Je präziser ich mich ausdrücke, desto wahrscheinlicher ist es, dass ich etwas Unwahres sage, und umgekehrt erhöht größere Vagheit die Wahrscheinlichkeit, dass das Gesagte wahr ist. Wenn ich sage, dass ich *genau* 100 Kilo wiege, ist das unwahr. Sage ich hingegen, dass ich *rund* 100 Kilo wiege, dann ist das wahr. Nehmen wir an, ich werde um einen Beitrag zu einer Veranstaltung am frühen Morgen gebeten. Da ich morgens aber gern lange schlafe, ist es wenig verlockend zuzusagen, allerdings habe ich an dem betreffenden Tag keine anderen Termine, die meine Teilnahme verhindern könnten. Sage ich trotzdem, dass ich aufgrund eines anderen Termins nicht teilnehmen kann, wäre das offensichtlich eine Lüge. Stattdessen kann ich weitaus vager agieren und sagen, dass ich für den Morgen leider andere Pläne habe. Diese Absage ist nicht unwahr, weil ich tatsächlich einen anderen Plan habe, nämlich zu schlafen. Alles in allem ist die Antwort zwar nicht nennenswert ehrlicher, aber sie ist keine Lüge.

Um jetzt die Fäden ein wenig zu bündeln, können wir festhalten, dass zu lügen bedeutet, in einem Kontext, in dem andere berechtigterweise erwarten können, dass man die Wahrheit sagt, etwas zu sagen, das nicht wahr ist.

Bullshit

Bevor ich die Diskussion über die Definition von Lüge verlasse und mich der Thematik widme, inwieweit Lüge gerechtfertigt werden kann, müssen wir uns kurz eines nahen Verwandten der Lüge annehmen: des *Bullshit*. Dem folgenden Abschnitt wird die Analyse von Bullshit des amerikanischen Philosophen Harry Frankfurt zugrunde gelegt. »Bullshit« kann beispielsweise mit »Unsinn«, »Stuss« oder »Quatsch« übersetzt werden, wobei nichts davon vollkommen deckungsgleich ist. Am treffendsten ist vermutlich »Blödsinn«, da es im Deutschen ähnlich anstößige Konnotationen hat wie »Bullshit« im Englischen. Allerdings hat der englische Ausdruck in so hohem Maße Einzug in die deutsche Alltagssprache gehalten, dass man ihn durchaus auch unübersetzt stehen lassen kann.

Wie wir gesehen haben, unterscheidet sich Lüge dadurch von Wahrhaftigkeit, dass die Tugend der Aufrichtigkeit nicht erfüllt wird, während sie sich von Wahrheitlichkeit dadurch unterscheidet, dass die Tugend der Genauigkeit unerfüllt bleibt. Dabei ist Bullshit näher an der Lüge zu verorten als an der Wahrheitlichkeit, weil es ihm an Aufrichtigkeit mangelt. Bullshit ist ebenso wie die Lüge unaufrichtig, lässt sich aber womöglich eher dadurch charakterisieren, *unecht* anstatt *unwahr* zu sein. Er ist unecht, weil der Absender vorgibt, sich an einer Aktivität zu beteiligen, bei der es eine Rolle spielt, inwieweit etwas wahr oder unwahr ist, er selbst aber darauf pfeift.

Ein wichtiger Vorläufer von Frankfurts Bullshit-Analyse, der in seinem Aufsatz merkwürdigerweise nicht erwähnt wird, ist George Orwell. 1946 veröffentlichte Orwell den Essay »Politics and the English

Language«, in dem er behauptete: »In unserer Zeit sind politische Rede und Schrift im Großen und Ganzen eine Verteidigung dessen, was nicht verteidigt werden kann.«[12] Er wies darauf hin, wie unter anderem der Einsatz von Euphemismen und bewusster Vagheit den Meinungsgehalt der politischen Sprache herunterbricht. Weiterentwickelt wurde das Thema in Orwells 1949 erschienenem Roman *1984*, in dem der Protagonist Winston Smith im sogenannten Wahrheitsministerium arbeitet: »Der Großteil des Materials, das man bearbeitete, stand in keinerlei Zusammenhang mit der Wirklichkeit, nicht einmal in der Art von Zusammenhang, den eine platte Lüge stiftete«.[13]

Für die meisten Menschen, auch für den Lügner, spricht die Tatsache, dass etwas unwahr ist, dagegen, Selbiges zu behaupten. Für einen konsequenten Bullshitter hingegen spielt es keine Rolle, ob etwas wahr oder unwahr ist. Sowohl derjenige, der lügt, als auch derjenige, der die Wahrheit spricht, meint zu wissen, was wahr ist, während derjenige, der sich dem Bullshit hingibt, sich schlichtweg nicht darum schert. Der Unterschied zwischen Lüge und Bullshit besteht darin, dass der Lügner etwas anderes sagt als das, was der Fall ist, während sich der Bullshitter gar nicht erst darum kümmert, was überhaupt der Fall ist. Ob der Betreffende lügt oder Bullshit betreibt, entscheidet sich also an seiner Einstellung. Es handelt sich um Gleichgültigkeit gegenüber dem, was wirklich ist. Frankfurt schreibt:

> »Das ist der entscheidende Unterschied zwischen ihm und dem Lügner. Sowohl der Bullshitter als auch der Lügner erwecken den (allerdings falschen) Eindruck, sie wollten etwas Wahres mitteilen. In beiden Fällen hängt der Erfolg davon ab, daß sie uns in bezug auf diesen Umstand zu täuschen vermögen. Doch der Lügner verbirgt vor uns, daß er versucht, uns von einer korrekten Wahrnehmung der Wirklichkeit abzubringen. Wir sollen nicht wissen, daß er uns etwas glauben machen möchte, was er selbst für falsch hält. Der Bullshitter hingegen verbirgt vor uns, daß der Wahrheitswert seiner Behauptung keine besondere Rolle für ihn spielt. Wir sollen nicht erkennen, daß er weder die Wahrheit sagen noch die Wahrheit verbergen will. Das heißt nicht, daß seine Rede anarchisch impulsiv wäre, sondern lediglich, daß die Motive, die sein Tun leiten und bestimmen, nichts damit zu tun haben, wie die Dinge, über die er spricht, in Wahrheit sind.«[14]

Der Bullshitter ist einzig und allein daran interessiert, welche *Wirkung* seine Aussage hat und betrachtet es daher als irrelevant, ob sie wahr oder unwahr ist. Seine Behauptung kann wahr, aber ebenso gut Bullshit sein. Für gewöhnlich ist Bullshit unwahr, allerdings kommt es vor, dass eine Bullshit-Behauptung zufällig wahr ist, wie auch eine stehengebliebene Uhr zweimal am Tag die richtige Zeit anzeigt. Frankfurt zufolge ist

Bullshit eine größere Gefahr für die Gesellschaft als Lüge, weil er »den Respekt vor der Wahrheit untergräbt.« Wer lügt, interessiert sich trotz allem für die Wahrheit, sagt jedoch absichtlich etwas Unwahres. Analog dazu ist eine Doppelmoral überhaupt keiner Moral vorzuziehen.

Analytisch betrachtet ist Frankfurts Unterscheidung zwischen Wahrheit, Lüge und Bullshit klar, in der Praxis jedoch ist es mitunter schwer zu entscheiden, welche Intention ein Redner hat und in welche Kategorie seine Aussage folglich fällt. Darüber hinaus kann eine Aussage, die im Wesentlichen Bullshit ist, Elemente von Lüge enthalten, das heißt, auch wenn sich der Redner zunächst nicht darum schert, ob das Gesagte wahr oder unwahr ist, so ist er aber doch damit einverstanden, dass Teile seiner Behauptung direkt unwahr sind. Umgekehrt kann eine Lüge auch Elemente von Bullshit beinhalten.

Dem amerikanischen Philosophen G. A. Cohen zufolge ist der Kern von Bullshit nicht in der Absicht des Redners zu finden, sondern vielmehr darin, dass das Gesagte »aus unklarmachbarer Unklarheit« besteht, kurz gesagt, dass es Kauderwelsch ist.[15] Cohen betrachtet Bullshit also als ein rein semantisches Phänomen. Hier bin ich geneigt zu meinen, dass die Übereinstimmung mit dem üblichen Sprachgebrauch bei Frankfurt größer ist als bei Cohen, obwohl Bullshit zweifellos auch in Cohens Sinne Anwendung findet. Sagt eine Person zu jemand anderem, dass er

Bullshit von sich gibt, wird sie damit kaum meinen, dass das Gesagte unverständlich, sondern vielmehr unecht ist. Eine Bullshit-Behauptung besteht für gewöhnlich aus begreiflichen Formulierungen, verfolgt jedoch eher die Absicht, einen Sachverhalt zu verschleiern als ihn zu erhellen. Einem wirklich gerissenen Bullshitter gelingt die Formulierung so, dass es unmöglich ist, seiner Aussage bei näherer Betrachtung überhaupt irgendeinen Wahrheitsgehalt zuzuschreiben – sie ist ein Strom wohlklingender Worte, der jenseits von Wahrheit und Unwahrheit ist. Die Formulierungen können vollkommen verständlich sein – sie sind nur nicht sonderlich aufschlussreich.

Es ist mitunter schwer zu entscheiden, ob jemand, der unwahre Behauptungen vorbringt, Lüge, Bullshit oder Wahrheitlichkeit betreibt. Nehmen wir beispielsweise den ehemaligen Präsidenten der USA, Donald Trump. Es ist gut dokumentiert, dass er unwahre Behauptungen in einem Ausmaß vorgebracht hat, wie es die Welt bisher selten gesehen hat. Ob er aber gelogen hat, ist nicht eindeutig. Wir haben Lüge durch den Hinweis auf die Überzeugung des Redners definiert, der etwas anderes sagt als das, was seinem Glauben nach der Fall ist. Es ist denkbar, dass Trumps Zugriff auf die Wirklichkeit so schwach ist, dass er die meisten der von ihm servierten Unwahrheiten selbst geglaubt hat. In diesem Fall wäre er wahrheitlich gewesen. Selbstverständlich ist es auch möglich, dass er damit einverstanden war, dass das von ihm Gesagte unwahr ist, womit er ein Lügner wäre. Denkbar ist auch, dass es ihn überhaupt nicht gekümmert hat, ob seine Aussagen wahr oder unwahr sind, sondern dass er sich nur dafür interessierte, welche Wirkung er damit erzielte. In diesem Fall wäre er ein Bullshitter. Um mit Sicherheit zu entscheiden, in welche Kategorie Trump fällt, bräuchten wir Zugang zu seinem Seelenleben, und den haben wir nicht. Trump äußerte selbstverständlich auch wahre Behauptungen, jedoch fällt mir keine ein, die ihm selbst zu einem wesentlichen Nachteil gewesen wäre. Dementsprechend war er ebenfalls nicht wahrheitlich, wenn er die Unwahrheit sagte, denn dann müsste es Beispiele für etwas unbegründet Wahres geben, das er nicht zu seinem eigenen Vorteil gesagt hätte. Da bleiben noch Lüge und Bullshit, wobei Bullshit der treffendere Kandidat zu sein scheint als Lüge, da die Wahrheit für Trump schlicht irrelevant zu sein schien. Indessen ist voll und ganz denkbar, dass er sich womöglich durchaus dafür interessierte, was wahr und was unwahr ist, sich jedoch konsequent dazu entschied, die Rücksicht auf sich selbst vor die Rücksicht auf die Wahrheit zu stellen und folglich ein Lügner epischen Ausmaßes ist.

Wahrhaftigkeit hat nicht ein Gegenteil, sondern drei: Wahrheitlichkeit, Bullshit und Lüge. Unser Hauptanliegen gilt einer Untersuchung des Letztgenannten dieser drei; einige der bedenklichen Seiten der Lüge haften jedoch auch Wahrheitlichkeit und Bullshit an und sind auch für diese relevant.

Die Ethik der Lüge

Fast jeder ist der Meinung, dass es prinzipiell falsch ist zu lügen, selbst Machiavelli räumt das ein. Während jedoch die einen behaupten, das Lügen sei immer falsch, sagen andere, dass es unter bestimmten Umständen akzeptabel, sogar erforderlich sei. Wahrhaftigkeit ist die Regel, Lüge die Ausnahme. Wie die schwedisch-amerikanische Philosophin Sissela Bok betont, braucht man keine Begründung, um die Wahrheit zu sagen, jedoch einen Grund, um zu lügen.[16] Wenn man das Gewünschte erreichen kann, indem man die Wahrheit sagt, wird man – sofern man nicht der speziellen Gruppe der pathologischen Lügner angehört – es schlichtweg vorziehen, die Wahrheit zu sagen, statt zu lügen. Daher lügen wir nicht, wenn die Wahrheit unproblematisch ist. Zur Lüge greifen wir, um ein Problem zu umgehen, das die Wahrheit uns bereitet hätte.

Denkbare Gründe zu lügen sind unter anderem: (1) um zu verbergen, dass man etwas Falsches getan hat, (2) um jemand anderem zu helfen, der Schwierigkeiten bekäme, würde man die Wahrheit sagen, (3) um die Gefühle anderer zu schonen, (4) um anderen zu schaden, indem man beispielsweise falsche Gerüchte in Umlauf bringt, (5) um besser zu erscheinen, als man es ist, (6) um Vorteile zu erlangen,

(7) um lustig zu sein, indem man eine »Räuberpistole« erzählt oder jemanden foppt. Ich behaupte nicht, dass es sich hier um eine vollständige Liste aller möglichen Motive für das Lügen handelt, jedoch sollte sie die meisten abdecken. Der letzte Punkt der Liste unterscheidet sich dadurch von den anderen, dass es hier nicht darum geht, ein Problem zu lösen, sondern lediglich darum, jemanden zu unterhalten. Neben diesen sieben Formen gibt es auch völlig unmotivierte Lügen, bei denen der Akteur bloß um des Lügens willen lügt, hier aber befinden wir uns bereits auf dem Gebiet der Pathologie. Einige dieser sieben Formen werden normalerweise milder beurteilt als andere. »Weiße« Lügen, die verwendet werden, um andere zu schonen, werden stärker akzeptiert als »schwarze« Lügen, deren Absicht darin besteht, anderen zu schaden. Dazwischen gibt es eine Flut von Grautönen.

Selbst der größte Lügenbold, den man sich vorstellen kann, wird häufiger die Wahrheit sagen, als dass er lügt. Lüge ist überhaupt erst dadurch möglich, dass es eine Wahrheitsinstitution gibt. Würden wir nicht weitgehend die Wahrheit sagen, wäre es nicht möglich zu lügen. Deshalb besteht zwischen Wahrheit und Lüge auch eine Asymmetrie: Normalerweise braucht man nicht zu erklären, warum man die Wahrheit sagt, während die Lüge gerechtfertigt werden will, wenn auch nicht anders als vor einem selbst. Abgesehen von Sonderfällen, in denen es negative Konsequenzen hätte, die Wahrheit zu sagen, wenn man dadurch zum Beispiel das Leben eines anderen in Gefahr brächte, braucht Wahrhaftigkeit selten eine weitere Rechtfertigung – es reicht aus, dass man die Wahrheit sagt. Eine Rechtfertigung für das Lügen lässt sich immer finden. Damit diese Rechtfertigung aber wirklich überzeugend ist, setzt sie oft voraus, dass man weder sich selbst noch anderen gegenüber ehrlich ist.

Aristoteles wird gern als derjenige hervorgehoben, der als Erster auf die Asymmetrie zwischen Wahrheit und Lüge hingewiesen hat, indem er sagte, dass Wahrheit an sich lobenswert und Lüge an sich schlecht und verwerflich sei.[17] Seiner Behauptung zufolge funktioniert der Mensch am besten, wenn es ihm gelingt, zwischen zwei Extremen einen Mittelweg zu finden, im Hinblick auf Lüge und Wahrheit findet sich der Mittelweg jedoch nicht genau in der Mitte – vielmehr liegt er fast vollständig im Bereich der Wahrhaftigkeit. Zuerst stellt Aristoteles den Wahrhaftigen dem Prahlhans und dem Heuchler gegenüber, die sich größer beziehungsweise kleiner machen, als es belegbar ist: »Der Mittlere endlich ist aufrichtig und bleibt in Leben und Wort immer er selbst und gibt zu, was er besitzt, und macht es weder größer noch geringer«[18] Weiterhin unterstreicht er, dass der echte Wahrhaftige nicht nur dann die Wahrheit sagt, wenn etwas Wichtiges auf dem Spiel steht, sondern dies ein beständiger Charakterzug ist: »Ein solcher wird wohl anständig sein. Denn der Aufrichtige wird die Wahrheit sagen, auch wo es nicht darauf ankommt, und dann um so mehr, wo es darauf ankommt. Die Lüge wird er als eine Schande meiden, da er sie ja schon an sich meiden würde.«[19] Wer in Bezug auf Kleinigkeiten oder Dinge lügt, die nichts mit einer diskutierten Sache zu tun haben, untergräbt auch seine generelle Glaubwürdigkeit, weil man schließlich auch nicht mehr darauf vertrauen wird, dass er glaubwürdig ist, wenn er von wirklich Bedeutsamem spricht.[20] Selbstverständlich gibt es viele gute Gründe zu lügen. Die Frage ist, ob sie gut genug sind. Die Strategie derjenigen, die den Gebrauch von Lügen in unterschiedlichen Zusammenhängen verteidigen wollten, bestand oft darin, die Lüge eher zu bagatellisieren anstatt sie als legitim zu verteidigen. Das Argument lautete für gewöhnlich, dass eine Aussage nicht als Lüge kategorisiert werden sollte, selbst wenn sie unmittelbar als Lüge erscheint, wenn es sich etwa um einen Redner handelt, der in der Absicht irrezuführen etwas anderes sagt als das, was er selbst für richtig hält. Als Beispiel dafür kann der niederländische Jurist und Philosoph Hugo Grotius herangezogen werden, demzufolge man nicht lügt, wenn man zu einer Person, die selbst die Unwahrheit spricht, etwas Unwahres sagt.[21] Nach Ansicht von Grotius lügt man auch dann nicht, wenn man zu einem Kind oder einer Person mit einem ernsthaften Gemütsleiden absichtlich etwas Unwahres sagt; ebenso sei es keine Lüge, zu einem Feind oder einem Dieb etwas

Unwahres zu sagen. Ihnen allen ist gemein, dass sie laut Grotius kein Recht auf Wahrheit haben, und da sie ein solches Recht nicht besitzen, lügt man auch nicht, wenn man zu ihnen die Unwahrheit sagt. Das Recht auf Wahrheit ist Grotius zufolge dadurch bedingt, dass man erstens über ein hinreichend entwickeltes Urteilsvermögen verfügt und man zweitens ehrlich und ehrenwert ist. Folglich ist es keine Lüge, gegenüber Personen, die noch nicht das Recht auf Wahrheit erworben haben, wie etwa Kindern, oder gegenüber Personen, die dieses Recht aufgrund ihrer schlechten Absichten oder Handlungen verwirkt haben, die Unwahrheit zu sagen.

Eine extreme Variante solcher Wegerklärungsstrategien ist die Theorie der »Mentalreservation« (*restrictio mentalis*) der Jesuiten. In seinen *Provinzialbriefen* übte der französische Philosoph Blaise Pascal eine vernichtende Kritik an der Kasuistik der Jesuiten, die er geradezu als unlautere Versuche betrachtete, die Moral und die Worte der Heiligen Schrift zu umgehen. Dabei nahm er sich unter anderem die Lehre vom geheimen Vorbehalt, auch Mentalreservation genannt, vor.[22] Dieser Lehre zufolge ist es keine Lüge, wenn man etwas klar und deutlich ausspricht, das isoliert betrachtet eine Lüge wäre, in seinem Inneren oder mit leiser, für niemanden hörbarer Stimme jedoch etwas hinzufügt, das den Bedeutungsinhalt beträchtlich verändert, sodass die Aussage in ihrer Gesamtheit nicht unwahr ist. Stünde ich zum Beispiel vor Gericht, des Mordes an einem unliebsamen Kollegen angeklagt, könnte ich auf die Frage, ob ich die Tat begangen habe, laut und deutlich antworten: »Ich habe ihn nicht getötet«, und dann in meinem Inneren hinzufügen »heute« oder »mit Gift«, da seit der Tat ein Jahr vergangen ist und ich kein Gift, sondern einen Hammer verwendet habe. Laut Kasuistik der Jesuiten hätte ich infolge dieser inneren Ergänzung nicht gelogen, obwohl der Teil meiner Aussage, der für andere hörbar war, nicht der Wahrheit entsprach. Die Jesuiten betrachteten Mentalreservation als eine akzeptable Erweiterung eines anderen von ihnen verteidigten Prinzips, dass nämlich nicht die Rede von Lüge ist, solange man sich absichtlich zweideutiger Formulierungen bedient, die das Gegenüber auf die eine Weise versteht, während man selbst sie anders auslegt. Die Lehre von der Mentalreservation wurde insofern erweitert, als man nicht einmal treffende Mehrdeutigkeiten finden musste, sondern den Satz schlicht und einfach in seinem Inneren vollenden und dadurch den Bedeutungsinhalt verändern konnte, ohne dass man aus diesem Grund eine Lüge von sich gab.

Selbst damit begnügten sich die Jesuiten nicht, sondern argumentierten darüber hinaus dafür, dass Versprechen nur dann bindend seien, wenn man in dem Moment, in dem man sie gäbe, die Absicht habe, sie einzuhalten. So konnte man zum Beispiel sagen: »Ich verspreche, x zu tun«, um dann in seinem Inneren hinzuzufügen: »wenn ich Lust dazu habe«, und wäre hierdurch keineswegs an das Versprechen gebunden. Die Wegerklärungsstrategien sind wenig überzeugend, weil sie grundsätzlich entwickelt wurden, um an der Auffassung festhalten zu können, dass Lügen unzulässig ist, während man zugleich faktisch für alle praktischen Zwecke log. Wenn Lügen falsch ist, weil es einen Missbrauch von Sprache darstellt, ist nicht einleuchtend, warum Mentalreservation und andere bewusst irreführende Ausdrucksweisen weniger unmoralisch sein sollten als das Lügen. Schließlich missbraucht man auch in diesen Fällen Sprache, um anderen einen falschen Eindruck von dem zu vermitteln, was man denkt. Pascal empfand eine solche Praxis als haarsträubend unmoralisch, worin ihm die meisten Leser der *Provinzialbriefe* zustimmten. Das Ganze wurde als derart skandalös betrachtet, dass Papst Innozenz XI. diese Praxis 1678 verurteilte. Zur Verteidigung der Jesuiten soll erwähnt werden, dass sie anfänglich behaupteten, diese Art des »Nicht-Lügens« sei nur dann zulässig, wenn die Gerechtigkeit auf dem Spiel stünde, wenn es zum Beispiel gelte, ein Leben zu retten oder zu vermeiden, ein Beichtgeheimnis zu enthüllen. Gleichzeitig aber muss gesagt werden, dass die Praxis eine erheblich größere Ausbreitung erfuhr als nur in dem benannten Bereich.

Das Problem einer strikten Linie, die jede Lüge verbietet, besteht in der Versuchung, Schlupflöcher zu finden, sodass man in der Praxis lügt, während man weiterhin behauptet, Lügen sei inakzeptabel. Das scheint für sich genommen verlogen oder zumindest heuchlerisch. Es ist kein Zufall, dass die Wegerklärungsstrategie der Jesuiten innerhalb der Rahmen eines christlichen Denkens entwickelt wurde, das eine Nulltoleranz gegenüber Lügen aufwies. Allerdings sollte darauf hingewiesen werden, dass es ausgehend von der Bibel keineswegs unstrittig ist, dass Lügen immer falsch sein muss. Zwar scheint eines der zehn Gebote Lügen zu verbieten, jedoch wurde dieses Gebot unterschiedlich ausgelegt, wobei etwa Luther es als Verbot verstand, seinen Nächsten zu verleumden, während die jüdische Tradition meinte, das Verbot handle spezifisch davon, in Gerichtsverfahren falsch Zeugnis abzulegen. Es muss eingeräumt werden, dass Lügner in der Bibel meist negativ erwähnt werden, am deutlichsten im Neuen Testament, wo der Teufel als »Vater der Lügen« (Johannes 8,44) bezeichnet wird. Im Alten Testament scheint Lügen besonders in den Mosebüchern akzeptabel zu sein, sofern es den Israeliten zum Vorteil ist. Man kann also mit Recht behaupten, dass sich in der Bibel hinsichtlich der Lüge ambivalente Aussagen finden; zudem scheint nicht genau differenziert, welche Art von Lüge akzeptabel sein soll und welche nicht.

Mehr als jeder andere schrieb Augustinus innerhalb des christlichen Denkens ein absolutes Verbot der Lüge fest. Die Unwahrheit zu sagen in der Absicht zu betrügen, also etwas anderes zu sagen als das, was man denkt, könne niemals gerechtfertigt werden, nicht einmal in Extremsituationen, wenn zum Beispiel durch Lügen das Leben eines anderen Menschen gerettet werden könne.[23] Gott gab den Menschen die Sprache, damit sie ihre Gedanken miteinander teilen können, daher sei es eine Sünde, wenn man sie stattdessen dazu verwende, andere hinsichtlich seiner Gedanken zu täuschen. Dabei gibt er an, Sympathie für denjenigen zu hegen, der einen alten, kranken Mann mit der Nachricht vom Tod seines Sohnes verschonen möchte, da die Belastung durch diese Information ihn wahrscheinlich das Leben kosten würde. Trotzdem macht er geltend, dass Lüge auch in einem solchen Fall vermieden werden müsse, weil selbst eine solche Lüge die generelle Wahrhaftigkeit untergrabe, und dann würde die nächste Lüge leichter fallen, und bald würden wir in einem Meer aus Lügen schwimmen. Selbst eine scheinbar gutherzige Lüge würde uns also in die Irre führen. Allerdings fügte er hinzu, dass es leichter sei, derartige Lügen zu *vergeben*, zudem könne man den guten Willen einer Person loben, die aus einem solchen Grund gelogen hat, niemals jedoch die Lüge selbst. Während Thomas von Aquin mit Augustinus darin übereinstimmte, dass jede Lüge eine Sünde sei, war er jedoch der Meinung, dass Lügen, die aus Wohlwollen oder als Scherz erzählt wurden, zwar weniger ernsthafte Sünden, nichtsdestoweniger aber Sünden seien.[24] Zu lügen, um jemandem zu schaden, betrachtete er als eine Todsünde. Sprache hingegen zu benutzen, um die Wahrheit zu maskieren, statt zu lügen, erschien ihm weniger schlimm.

Doch die Menschen machten selbstverständlich die Erfahrung, dass es Situationen gab, in denen es mindestens problematisch erschien, die Wahrheit zu sagen, weil die Konsequenzen für sie selbst oder andere inakzeptabel waren. Da es jedoch nicht in Frage kam, das religiöse Verbot der Lüge von sich zu weisen, bestand die Lösung in dem Versuch, es stattdessen zu umgehen. Das Problem an der Erschaffung von Schlupflöchern ist die Verlockung, sie nach und nach auszuweiten, je häufiger man in unterschiedliche Situationen gerät, in denen es Probleme verursacht, das pauschale Verbot der Lüge zu respektieren.

Pflichten und Konsequenzen

Immanuel Kant führt das christliche Verbot der Lüge weiter, gibt ihm jedoch eine vollkommen andere Begründung. Kant zufolge ist es unsere Pflicht, wahrhaftig zu sein.[25] Unter Lüge versteht er, etwas Unwahres zu behaupten in der Absicht, glauben zu machen, dass es wahr sei. Es ist eine wichtige Präzisierung, dass die Absicht darin bestehen muss, andere glauben zu lassen, das Gesagte sei wahr, und es sich nicht um eine Lüge handelt, wenn eine solche Absicht nicht vorliegt, selbst dann nicht, wenn man etwas

Unwahres sagt. Kant ist daher der Auffassung, dass verschiedene Höflichkeitsphrasen und dergleichen keine Lügen sind, auch wenn das Gesagte nicht wörtlich gemeint ist, da niemand erwartet, dass man ehrlich ist, wenn man so etwas sagt.[26] Scherze und »Räuberpistolen« sind ebenfalls keine Lügen, auch wenn sie unwahr sind, solange es berechtigten Grund zu der Annahme gibt, dass die Zuhörer nicht zu dem Glauben verleitet werden sollen, dass sie wahr seien.[27] Hingegen weist Kant die Existenz »weißer Lügen« zurück, denn entweder sind Aussagen so »weiß«, dass sie mit keiner Verpflichtung brechen, wonach es sich nicht um Lügen handelt, selbst wenn man etwas Unwahres sagt, oder man bricht mit einer Verpflichtung, und dann ist die Lüge per Definition nicht »weiß«.[28] Kant zufolge sind wir keineswegs immer dazu verpflichtet, unsere innersten Gedanken mitzuteilen. Würden wir stets genau das äußern, was wir denken, dann würden wir einander nicht ertragen. Die menschliche Gemeinschaft setzt für ihre einzelnen Mitglieder ein gewisses Maß an Verstellung voraus, »welche saubere Eigenschaft denn so allmählich von *Verstellung* zur vorsätzlichen *Täuschung*, bis endlich zur *Lüge* fortzuschreiten nicht ermangelt.«[29] Das beschreibt den Übergang von dem, was moralisch akzeptabel ist, zu dem, was es keineswegs ist. Die bloße Verstellung ist wenig problematisch, da kein anderer unsere Gedanken hören kann. Täuschung fällt in eine Art Zwischenkategorie, wobei sie in manchen Fällen akzeptabel ist, in anderen jedoch nicht. Kant ist nicht fremd, dass es moralisch akzeptabel sein kann, andere irrezuführen. In einer Ethikvorlesung erklärte er zum Beispiel, man könne seine Koffer packen, um andere glauben zu machen, man würde verreisen, obwohl man dies nicht vorhabe, jedoch sei es unmoralisch, andere dahingehend zu belügen, dass man Reisepläne habe.[30] Man kann sich weigern zu antworten und man kann andere falsche Schlüsse ziehen lassen, lügen aber darf man nicht.

Kant meint auch, wir würden uns selbst, unseren »inneren Richter«, oft dahingehend belügen, ehrenwerter gehandelt zu haben, als es in Wirklichkeit der Fall war.[31] Wir haben eine Verpflichtung, uns selbst gegenüber ehrlich zu sein und wir verdienen Tadel, wenn wir es nicht sind. Weiterhin ist er der Ansicht, dass man durch das Sich-selbst-Belügen anfälliger dafür wird, andere anzulügen. Wenn ich es schaffe, mir selbst gegenüber ehrlich zu sein, sollte es mir auch anderen gegenüber gelingen. Durch Lügen verrät man nicht nur andere, sondern auch sich selbst, weil man sich dadurch selbst zu einem schlechteren Menschen macht. Er geht so weit zu sagen, dass man durch Lügen seine »Menschenwürde vernichtet«.[32] Das ist vielleicht etwas dramatisch formuliert, jedoch sollte unumstritten sein, dass der Respekt oder die Achtung vor einer Person beträchtlich abnimmt, wenn man entdeckt, dass es sich um einen Lügner handelt.

Für einen liberalen Denker wie Kant ist die Trennung zwischen Rechtswissenschaft und Moral ganz entscheidend. So sollten die Rahmen der Rechtswissenschaft viel weiter gefasst sein als die der Moral und es sollte erlaubt sein, sich unmoralisch zu verhalten. Kant warnt vor einer Verrechtlichung der Moral, weil eine solche den Menschen die Möglichkeit nehmen würde, wirklich moralisch zu handeln. In Übereinstimmung damit muss zwischen Lügen unterschieden werden, die nur vom Verbot durch die Moral betroffen sind, und solchen, die auch vom Gesetz betroffen sind. Kant unterscheidet daher zwischen ethischen und juristischen Lügen, wobei die Unterscheidung darin besteht, dass eine Lüge anderen Schaden zufügen muss, um juristisch zu sein.[33] Mit Schaden ist konkret gemeint, dass eine Person etwas beraubt wird, das rechtmäßig ihr gehört wie ein Gegenstand oder eine Dienstleistung, die auszuführen vereinbart wurde. Falsche Gerüchte über eine Person in Umlauf zu bringen, kann ebenso einen relevanten Schaden darstellen. Mit anderen Worten argumentiert Kant, man könne juristisch betrachtet abgesehen von Sonderfällen wie Vertragsschließungen, Ehrkränkungen oder ähnlichem so viel lügen, wie man wolle, moralisch betrachtet sei es jedoch immer falsch zu lügen. Daneben findet sich bei Kant eine dritte Kategorie von Lügen, die zwischen den beiden anderen angesiedelt ist, bei der die Lüge nicht einem bestimmten Menschen schadet, sondern *der Menschheit* an sich.[34] Hierbei liegt die Prämisse zugrunde, dass der Mensch ein Gemeinschaftswesen ist, und man durch Lügen die Bedingungen dafür untergräbt, dass eine Gemeinschaft entstehen und existieren kann. Näher bestimmt, untergräbt man das Vertrauen, das erforderlich ist, damit Menschen in einer Gemeinschaft zusammenleben können.

Für Kant ist eine Handlung richtig, wenn und nur wenn sie die Anforderungen eines oder mehrerer übergeordneter Prinzipien erfüllt, die ungeachtet der Konsequenzen, die es hat, in Übereinstimmung mit ihnen zu handeln, gültig sind. Eine Handlung wird nicht aufgrund ihrer Konsequenzen als moralisch oder unmoralisch betrachtet, sondern aufgrund der *Art* der Handlung. Lügt man, dann ist das eine unmoralische Handlung, ungeachtet der möglichen guten Konsequenzen dieser Lüge. Zu lügen ist nicht falsch, weil es generell negative Konsequenzen hätte, sondern schlicht, weil Lügen an sich unmoralisch ist. Es kann nicht in eine Waagschale gelegt und gegebenenfalls gegen gute Konsequenzen aufgewogen werden.

Dass Lügen falsch ist, folgt unmittelbar aus den beiden bekanntesten Formulierungen des sogenannten kategorischen Imperativs:

> »Handle nur nach derjenigen Maxime, durch die du zugleich wollen kannst, dass sie ein allgemeines Gesetz werde.«[35]»Handle so, dass du die Menschheit sowohl in deiner Person als in der

> Person eines jeden anderen jederzeit zugleich als Zweck, niemals bloß als Mittel brauchst.«[36]

Ausgehend von der ersten, sogenannten Universalisierungsformel macht Kant geltend, dass die Moral allgemein streng sein muss, was beinhaltet, dass man für sich selbst oder andere keine Ausnahmen machen darf. Ganz im Gegenteil soll man in einer bestimmten Weise nur dann handeln, wenn man sich vorstellen kann, dass *alle* so handeln würden. Nehmen wir nun die Maxime: »Man kann durchaus lügen, wenn es zum eigenen Vorteil geschieht.« Kann diese Maxime verallgemeinert werden? Nein, das kann sie nicht, denn dann würde sie sich selbst auflösen. Würden alle lügen, um die jeweils eigene Situation zu verbessern, würden wir aufhören, einander zu glauben, und wenn wir einander nicht glauben, ist es auch nicht mehr möglich, einander zu belügen. Eine Welt, in der alle einander belügen, wird mit anderen Worten zu einer Welt, in der keine Lüge Erfolg haben kann, weil niemand sie mehr glaubt. Lüge ist nur möglich, wenn es eine Wahrheitsinstitution gibt, das heißt, wenn wir weitgehend die Wahrheit sagen. Daher sagt uns die Vernunft, dass wir nicht lügen dürfen, weil nur die Wahrhaftigkeit als allgemeine Handlungsregel denkbar ist.

Dem Aspekt Kants wurde im Übrigen von Baruch de Spinoza in dessen *Ethik* vorgegriffen. Darin schreibt Spinoza: »Der freie Mensch handelt niemals arglistig, sondern stets aufrichtig.«[37] Als Prämisse liegt dem zugrunde, dass ein freier Mensch zwangsläufig rational ist, und sollte ein freies Wesen lügen oder betrügen, dann müsste es dies tun, eben weil es rational ist. In diesem Fall müssten wir annehmen, dass rationale Menschen immer lügen und betrügen, was er jedoch als absurd zurückweist. Den Einwand, dass es rational sein muss zu lügen, wenn man dadurch Leben retten kann, beantwortet Spinoza wie folgt: Sollte die Vernunft einem Menschen anordnen zu lügen, müsste sie allen Menschen anordnen zu lügen, das aber wäre so, als würde man sagen, die Vernunft solle Menschen anordnen, keine gemeinsamen Gesetze zu haben, ihre Kräfte nicht zu bündeln und nicht in Frieden zu leben, was er wiederum als absurd zurückweist.

Was die zweite Aussage des kategorischen Imperativs betrifft, die besagt, dass man andere niemals nur als Mittel, sondern immer auch als Zweck an sich behandeln solle, so müssen wir zuerst verdeutlichen, was es heißt, ein Zweck an sich zu sein. Es meint, die Fähigkeit zu besitzen, die Ziele des eigenen Daseins zu formulieren, einen Lebensplan zu entwerfen und zu entscheiden, lieber in dieser Weise statt in einer anderen zu leben. Über diese Fähigkeit verfügt kein anderes Tier, deshalb ist sie so entscheidend für die Menschenwürde. Nun kommen wir nicht umhin, andere Menschen oft als Mittel gebrauchen zu müssen, zum Beispiel, wenn wir einen Rohrleger benötigen, um ein leckgeschlagenes Rohr zu reparieren. Wichtig dabei ist, dass wir andere niemals darauf reduzieren dürfen, ausschließlich eine Sache zu sein, die wir nach eigenem Gutdünken gebrauchen können. Denn dann mangelt es an Respekt vor der Menschenwürde des anderen. Man muss das Recht anderer Menschen respektieren, ihr Leben selbst zu gestalten. Wenn man lügt, dann tut man dies nicht. Jemanden zu belügen ist daher ein paradigmatisches Beispiel dafür, einen Menschen als Mittel zu gebrauchen. Wer jemanden belügt, versucht, ihn glauben zu machen, dass die Dinge anders lägen, als es wirklich der Fall ist. Indem der Betreffende die Auffassungen einer Person nach seinem eigenen Willen statt nach einer Sache richtet, versucht er, Macht über ihn zu erlangen. Man kann sagen, dass man durch eine Lüge entmündigt wird.

Zu lügen ist ein Bruch des Vertrages, nach dem wir einander als frei und gleichwertig betrachten. Die grundlegende Intuition hinter dem kantianischen Verbot der Lüge besteht darin, dass Lüge eine Form von Zwang ist. Wo Wissen Macht gibt, wird dem Betrogenen Macht genommen. Die Lüge überträgt Macht von dem, der die Lüge glaubt, auf den Lügner. Gelingt mir mein Vorhaben, jemanden zu belügen, werden sich dessen Gedanken nach meinem Willen, statt nach einer unabhängigen Wirklichkeit richten. Die Lüge entzieht reale Handlungsalternativen, kann andere Ziele geben und zum Gebrauch anderer Mittel anregen als jene, für die man sich sonst entschieden hätte. Es ist zwar möglich, dass man ein besseres

Ergebnis erzielt, als es sonst der Fall gewesen wäre, vielleicht sogar eins, das man im klaren Licht der Nachbetrachtung als das bestmögliche erachtet, aber zugleich wurde einem die Möglichkeit genommen, diesen Weg frei und informiert zu wählen. Selbst eine uneigennützige Lüge, die allein durch Rücksicht auf das Wohl eines anderen motiviert ist, bleibt noch immer eine Lüge.

In einem Artikel behauptete Kant, die Pflicht nicht zu lügen habe eine so absolute Gültigkeit, dass es nicht einmal erlaubt sein könne, zu lügen, um das Leben eines anderen Menschen zu retten.[38] Wie wir gesehen haben, vertrat auch Augustinus eine solche Auffassung; wo dessen Begründung jedoch theologisch war, ist Kants säkular. Bei seinem Artikel handelte es sich um die Antwort auf ein Pamphlet des französischen Philosophen Benjamin Constant, worin dieser einen nicht namentlich genannten »deutschen Philosophen« angriff, bei dem es sich offensichtlich um Kant handelte. Constant behauptet, niemand habe das Recht, die Wahrheit zu hören, wenn dies zu beträchtlichen Schäden führe, zum Beispiel, wenn ein Mörder fordere, den Aufenthaltsort seines auserwählten Opfers zu erfahren. Dieses Argument akzeptiert Kant nicht und behauptet, es existiere keineswegs ein Recht, aus Menschenliebe zu lügen. Sollte sich etwa eine Person bei jemandem versteckt halten, um einem Mörder zu entkommen, der Mörder würde an dessen Tür klopfen und fragen, ob sich sein Opfer bei ihm befände, dann habe man kein Recht zu lügen, behauptet Kant. Man könne die Antwort verweigern oder die Tür wieder zuschlagen, aber nicht lügen. Solange man die Wahrheit sagt, so Kant, könne einem das weitere Geschehen, also das, was der Mörder mit dieser Information anstellt, nicht angelastet werden. Man habe das Richtige getan und der weitere Verlauf liege nicht mehr in den eigenen Händen. Lügt man hingegen, macht man sich für das weitere Geschehen mitverantwortlich.[39] So könnte man zum Beispiel annehmen, das Opfer habe sich im Kleiderschrank versteckt und dem Mörder daraufhin mitteilen, es habe sich durch die Hintertür geschlichen und sei in Richtung Stadtmitte gelaufen. Stellt sich dann heraus, dass das Opfer genau dies faktisch getan hat, ohne dass man davon wusste, sodass der Mörder das Opfer findet und man ihn mit dieser Lüge folglich auf die richtige Spur geführt hat, dann ist man mitverantwortlich für den Tod des Opfers, auch wenn die Absicht darin bestanden hatte, zu helfen.

Kants Perspektive könnte den Anschein erwecken, dass man mehr Rücksicht auf den Mörder als auf sein Opfer nimmt, was jedoch nicht der Fall ist. Er unterstreicht, dass man zwar *dem Mörder* gegenüber nichts Falsches tut, wenn man lügt, weil dieser um eine Information bittet, auf die er keinen legitimen Anspruch hat. Allerdings behauptet Kant, dass man durch Lügen nicht einer einzelnen Person, sondern vielmehr *allen* Personen gegenüber etwas Falsches tut.[40] Indem man den Mörder anlügt, kränkt man also nicht das Recht des Mörders, sondern man vergeht sich am Recht der Menschheit auf Wahrheit. Man untergräbt das gegenseitige Vertrauen, von dem Menschen abhängig sind. So genommen erscheint das Argument nicht sehr überzeugend. Was das Vertrauen betrifft, könnte man doch annehmen, dass man Vertrauen darin haben müsste, in einer Notlage Hilfe von anderen zu erhalten.

Auch andere Auswege aus dieser Situation könnten in Frage kommen. Was, wenn Kant dem Mörder wie folgt geantwortet hätte: »Er isst nicht hier«? Das wäre eine schlaue Lösung gewesen, weil es genauso klingt wie: »Er ist nicht hier.« Sofern das Opfer nichts zu essen bekommen hat, sagt man also voll und ganz die Wahrheit; die Absicht besteht jedoch selbstverständlich darin, dass der Mörder die Aussage als Verneinung der Frage versteht, ob sich das Opfer im Haus aufhält. Kant hätte eine solche Lösung wohl kaum gutgeheißen, weil es einer Lüge ebenbürtig ist, wenn man sich in der Absicht, dem Mörder eine falsche Auffassung des Sachverhalts zu vermitteln, der Klangähnlichkeit zwischen den Wörtern »isst« und »ist« bedient.

Bernard Williams zufolge *verdienen* Personen wie der Mörder in Kants Beispiel die Wahrheit nicht.[41] Das ist eine seltsame Formulierung. Ist Wahrheit etwas, dessen wir uns verdient machen müssen und etwas, das wir in bestimmten Situationen verdient haben und in anderen nicht? Es wirkt eher angemessen, von einem Recht auf Wahrheit zu sprechen, wobei das Recht darauf gründet, dass wir im Umgang mit anderen implizit ein Versprechen abgeben, genauer gesagt das Versprechen, die Wahrheit zu sagen. Die Vorstellung, dass es ein Recht auf Wahrheit gibt, das einer Kommunikationssituation folgt, scheint eher angebracht als die Vorstellung von Wahrheit als etwas, das verdient werden muss, nicht zuletzt, weil die Verantwortung dafür etwas zu verdienen beim Empfänger liegt – der sich dessen verdient machen muss –, während im Begriff des Rechts vorausgesetzt ist, dass der Absender dem Empfänger ein Recht einräumt, weil er mit ihm kommuniziert.

An einem gewöhnlichen Tag interagieren wir mit Menschen, mit denen wir nie zuvor gesprochen haben, und die wir oft nie wieder sprechen werden. Wenn wir nie zuvor mit ihnen gesprochen haben, können wir aber nicht angeben, sie hätten es sich verdient gemacht, dass man ihnen gegenüber die Wahrheit sagt – sie hatten in ihrer Beziehung zu uns schlichtweg nicht die Möglichkeit, sich diesen Verdienst zu erarbeiten. Dennoch werden die meisten der Meinung sein, dass wir verpflichtet sind, auch Fremden gegenüber die Wahrheit zu sagen. Vermutlich, weil sie ein Recht auf Wahrheit haben, das im Ursprung unabhängig von jedwedem Verdienst ist. Kann ein solches Recht begrenzt werden? Wir haben zum Beispiel das Recht, von anderen nicht verletzt zu werden, jedoch kann dieses Recht durch das Recht anderer zur Selbstverteidigung begrenzt werden. Ich habe das Recht, zu meiner eigenen Verteidigung jemandem zu schaden, wenn dieser unrechtmäßig versucht, mir Schaden zuzufügen. Ebenso kann ich einem anderen Schaden zufügen, um zu verhindern, dass er seinerseits unrechtmäßig versucht, anderen Schaden zuzufügen. Es wirkt nicht unangemessen, etwas Entsprechendes hinsichtlich der Lüge zu behaupten.

Ich bin geneigt, Williams darin zuzustimmen, dass es nicht nur richtig wäre, den Mörder anzulügen, sondern auch, dass jemand, der aus einem solchen Grund gelogen hat, deswegen nicht die Spur eines schlechten Gewissens haben sollte.[42] Wer nachts nicht mehr richtig schlafen kann, weil er dieserart gelogen hat, ist moralisch falsch kalibriert. Er fühlt, um Aristoteles' Beschreibung zu verwenden, nicht das Richtige in der richtigen Weise zum richtigen Zeitpunkt.

Arthur Schopenhauer bewegt sich zunächst auf derselben Ebene wie Kant und behauptet, Lüge sei ein moralisch verwerfliches Mittel, um jemanden zu zwingen, dem Willen eines anderen zu folgen.[43] Er hält Lüge für ein schlimmeres Mittel als Gewaltanwendung, weil sie das Band der Ehrlichkeit zerstört, das Menschen miteinander verbindet. Allerdings gibt es seiner Meinung nach, im Gegensatz zu Kant Fälle, in denen Lüge berechtigt ist. Das gilt unter anderem dann, wenn man lügt, um Leib und Leben zu verteidigen. Zudem unterstreicht Schopenhauer, dass Lügen auch dann erlaubt ist, wenn jemand im Privatleben eines anderen herumschnüffelt und Fragen zu Dingen stellt, die ihn nichts angehen. Letztgenanntes begründet er damit, dass Menschen hinreichend Verständnis für soziale Konventionen haben sollten, um auf unpassende Fragen keine ehrlichen Antworten zu erwarten.

Kants Theorie liefert gute Gründe dafür, warum Lügen generell falsch ist, bedient jedoch gewisse Ausnahmefälle schlecht. Es gelingt ihr nicht, dem Einzigartigen von Sonderfällen gerecht zu werden und endet damit, alle Fälle gleich zu behandeln, selbst da, wo besseres moralisches Ermessen dazu anregen würde, sie unterschiedlich zu beurteilen. Kants Analyse ist auch gegenüber dem jeweiligen Kontext von guten oder schlechten Gründen der Menschen für das Lügen wenig feinfühlig. Und wie wir in einem späteren Kapitel über Lüge und Politik sehen werden, gibt es gute Gründe dafür, zu meinen, dass Lügen nicht nur erlaubt, sondern in bestimmten Fällen auch erforderlich sein können.

Aus der Perspektive der konsequentialistischen Ethik betrachtet, scheint das Beispiel mit dem Mörder recht unproblematisch zu sein: Da es eindeutig bessere Konsequenzen nach sich zieht zu lügen, statt die Wahrheit zu sagen, weil der Gewinn darin besteht, ein Leben zu retten, während die Investition allein darin liegt, eine Lüge zu erzählen, sollte man eindeutig lügen. Der Konsequentialismus besagt schlicht, dass man stets so handeln soll, dass die bestmöglichen Konsequenzen zustande kommen. In einer solchen Perspektive gibt es keine Handlungen, die per se gut sind. Inwieweit eine Handlung gut ist, hängt voll und ganz von ihren Konsequenzen ab. Entsprechend ist auch keine Handlung per se schlecht und jede Handlung kann gut sein, sofern sie bessere Konsequenzen nach sich zieht als die Alternativen. Hier hat die Wahrhaftigkeit als solche also keinen höheren Wert als die Lügenhaftigkeit – ob das eine oder das andere vorzuziehen ist, hängt allein von den Konsequenzen ab.

Anzumerken ist, dass hier von den Konsequenzen für alle betroffenen Parteien die Rede ist. Dass etwas für einen selbst nützlich ist, ist gut und schön, jedoch wiegt der eigene Nutzen nicht schwerer als der anderer. Sollten die Konsequenzen einer Lüge gut für uns selbst, aber schlecht für andere sein, gilt es, die Gesamtsumme zu betrachten. Der britische Philosoph Jeremy Bentham führte das Prinzip ein, dass eine Handlung, damit sie gut ist, das größtmögliche Glück für die größtmögliche Anzahl von Menschen hervorbringen müsse.[44] Eine Handlung sollte also ausgeführt werden, sofern sie größeres Glück erschafft – oder mehr Leid verhindert – als andere Handlungsalternativen. Dieses Prinzip ist unparteiisch: Im Nutzenkalkül wiegt das Glück jeder Person gleich schwer, egal, ob der Betreffende Ministerpräsident oder Obdachloser ist. Bentham drückt es so aus: Jeder zählt als einer und keiner für mehr als einen. Das bedeutet indessen nicht, dass jedem dieselbe Menge Glück zuteilwird. Entscheidend ist die *Gesamtsumme* des Glücks. Wenn die Gesamtsumme des Glücks dadurch am größten wird, dass einzelnen Personen beträchtliches Leid zugefügt wird, das jedoch vom Lustüberschuss der restlichen Personen mehr als aufgewogen wird, ist es moralisch richtig, den Wenigen eine solch unglückliche Rolle zuzuteilen.

Es kann also richtig sein zu lügen oder unwahre Gerüchte über jemanden in die Welt zu setzen, wenn dies insgesamt zu besseren Konsequenzen führt, als es nicht zu tun. So betrachtet scheint der Konsequentialismus Lügen die Tür weit zu öffnen. Das tut er indessen nicht. Obwohl der Konsequentialismus nicht behauptet, dass Lügen per se falsch sind, aus dem einfachen Grund, weil er nicht behauptet, dass irgendetwas *per se* falsch ist, schlussfolgert auch er letztendlich, dass es praktisch immer falsch ist zu lügen. Der Hauptgrund liegt darin, dass eine Wahrheitsinstitution zweifellos von großem Nutzen ist. Ohne einander vertrauen zu können, wird zwischenmenschliche Interaktion zu einer enormen Herausforderung. Darüber hinaus ist es schwer, die Konsequenzen einer Lüge abzuschätzen, und auch wenn der unmittelbare Nutzen groß sein sollte, wäre es problematisch, langfristige Vor- und Nachteile der Lüge vorherzusehen.

John Stuart Mill, der Benthams Konsequentialismus weiterentwickelte, schreibt: »Eine Lüge ist falsch, weil ihre Wirkung darin besteht, irrezuführen und weil sie das Vertrauen der Menschen ineinander zerstört; sie ist auch niederträchtig – weil sie dem Umstand entspringt, es nicht zu wagen, den Konsequenzen der geäußerten Wahrheit zu begegnen – oder im besten Fall ein Mangel an Fähigkeit, sich mit rechten Mitteln Ziele zu setzen«.[45] Generell betrachtet Mill unseren Sinn für Wahrheit als eine unserer größten Stärken und alles, was diesen Sinn schwächt, ist zunächst schlecht. Unterdessen sagt er, dass es Ausnahmen gibt und eine Hauptaufgabe des Konsequentialismus darin bestehen müsse, aufzuzeigen, wie man die Rücksicht zur Aufrechterhaltung der Wahrheit auf der einen Seite und die Verhinderung von bestimmtem Übel auf der anderen Seite einschätzen kann.[46] Er warnt indessen davor, dass dies leicht ausufern kann und man daher mit dem Lügen äußerst zurückhaltend sein muss. Mill fügt hinzu: Wenn man jemanden nur durch Lügen loben kann, dann sollte man das Loben lieber sein lassen.[47] Auch hat er sehr wenig Verständnis für den Gebrauch von präsumtiv weißen Lügen.

Wenn wir im Alltag lügen, geschieht das weitgehend, weil wir der Meinung sind, die Konsequenzen des Lügens verlangen danach. Dabei handelt es sich in der Regel um Konsequenzen für uns selbst. Häufig legen wir zu viel Gewicht auf die unmittelbaren Folgen – und versuchen, uns selbst aus einer peinlichen Situation zu retten oder die Gefühle eines anderen nicht zu verletzen – und zu wenig auf die langfristigen Folgen, sowohl für die Beziehung zu demjenigen, den man anlügt als auch allgemeiner für die Wahrheitsinstitution. Das gilt genauso für scheinbar unbedeutende Lügen. Die meisten von uns haben Freunde oder Bekannte, die sich oft kleiner Lügen bedienen, wobei es sich mitunter um etwas so Unwesentliches handelt wie das Zuspätkommen – oder das Überhaupt-nicht-Kommen. Bei ihnen bekommt die Lüge einen fast routinemäßigen Charakter, was zur Folge hat, dass man ihnen schlichtweg nicht vertrauen kann. Ich selbst habe keine Freunde dieser Art – in dem Maße, wie sie vielleicht einmal Freunde waren, wurden sie so zu Bekannten »degradiert«.

Lüge ist nur möglich, wenn wir einander im Großen und Ganzen vertrauen. Solches Vertrauen ist Voraussetzung dafür, dass eine Gesellschaft funktionieren oder überhaupt existieren kann und Lüge ist ein Verrat an diesem Vertrauen. Indessen untergräbt Lügen das Vertrauen nicht in jedem Fall. Wenn Sie ein Geheimnis haben, das mir bekannt ist, und Sie Angst haben, dass es enthüllt wird, wird Ihr Vertrauen in mich vermutlich wachsen, wenn ich eine Lüge erzähle, um Ihr Geheimnis zu bewahren. Wenn ich mich umgekehrt weigere zu lügen und Ihr Geheimnis folglich preisgebe, wird das Ihr Vertrauen in mich schwächen, weil Sie einsehen müssen, dass Ihre Interessen für mich nur von begrenzter Bedeutung sind. Es gibt also Fälle, in denen die Lüge zwischenmenschliches Vertrauen fördert und die Wahrhaftigkeit es schwächt, meistens verhält es sich jedoch umgekehrt.

Zwar ist es nicht so, dass unsere Beziehungen zueinander unmittelbar kollabieren würden, wenn jemand lügt, oder dass es nur eine Frage der Zeit wäre, bis das ganze Gesellschaftsgebäude zusammenfällt, jedoch trägt jede einzelne Lüge ein wenig dazu bei. Es gibt Fälle, in denen die Konsequenzen der Wahrheit so gravierend wären, dass eine Lüge als das kleinere Übel erscheint. Würde ich lügen, um das Leben eines Unschuldigen zu retten? Zweifellos. Habe ich mich jemals in einer solchen Situation befunden? Definitiv nicht. Wie die Philosophin Sissela Bok zu bedenken gibt, ist der Gebrauch von Beispielen wie »zu lügen, um jemanden vor einem verrückten Mörder zu retten« als Argument dafür, warum es ab und an notwendig ist zu lügen, mitunter fragwürdig, da sich eine solche Situation im Leben der meisten Menschen nicht ergibt, und sollte sie sich ergeben, dann wohl kaum mehr als einmal.[48] Die Situation ist kurz gesagt so außergewöhnlich, dass sie keine nennenswerte Grundlage dafür liefert, etwas Allgemeines über den Bedarf an Lügen auszusagen. Ich glaube, mir kommt in meinen fünfzig Jahren auf der Erde kein einziger Fall in den Sinn, in dem das Lügen notwendig gewesen wäre, weil die Konsequenzen der Wahrheit katastrophal ausgefallen wären. So betrachtet muss ich vielleicht den Schluss ziehen, dass keine einzige der

Lügen, die ich jemals erzählt habe, moralisch akzeptabel war. Oder gibt es doch eine Art von Lüge, die zu recht auch unter weniger dramatischen Umständen erzählt werden darf?

Weiße Lügen

Gibt es »weiße« Lügen? Was ist eigentlich eine »weiße« Lüge? Wie wir gesehen haben, lehnte Kant den Ausdruck per se ab, weil entweder von etwas derart »weißem« gesprochen werden müsse, dass es nicht mehr als Lüge bezeichnet werden könne oder es sich um eine wirkliche Lüge handeln müsse, die aber niemals »weiß« genannt werden könne. Über die Bedeutung dieses Ausdrucks herrscht in der Literatur kein klarer Konsens. Mit »weiß« kann man »harmlos«, »unbedeutend«, »uneigennützig« oder »akzeptabel« meinen. Ist eine Lüge jemals weiß, wenn sie in erster Linie aus Rücksicht auf sich selbst erzählt wird? Vielleicht dann, wenn sie eher unbedeutend ist, wie etwa eine kurze, unwahre Begründung, warum ich nicht mit ins Kino gehen kann, anstelle einer langen, umständlichen, aber wahren Erklärung. Vereinzelt wird der Ausdruck in weiterem Sinne für alle Lügen gebraucht, die positive Konsequenzen haben und beispielsweise zur Selbstverteidigung eingesetzt werden. Die Grenze zwischen weißen und schwarzen Lügen ist nicht eindeutig. Sie scheint nicht deckungsgleich zu sein mit einer Trennung zwischen guten und schlechten Konsequenzen, Gerechtigkeit und Ungerechtigkeit, guten und schlechten Absichten, Altruismus und Egoismus und so weiter, obwohl all das in unsere Bewertung dessen, ob eine Lüge weiß oder schwarz ist, einfließen kann. Eine klare Abgrenzung zwischen weißen und schwarzen Lügen existiert wohl kaum, vielmehr handelt es sich um einen schrittweisen Übergang von weiß zu schwarz, mit einer Flut von Grautönen dazwischen. Am häufigsten scheint der Begriff »weiße Lüge« in ungefähr folgender Bedeutung gebraucht zu werden: »eine Lüge, die aus Höflichkeit oder zur Schonung der Gefühle anderer erzählt wird«.

Nehmen wir an, dass Laura, die mit Francesco verheiratet ist, ihren Ehemann über einen längeren Zeitraum mit dessen bestem Freund betrogen hat, und dass sie Francesco diesbezüglich anlügt, »um seine Gefühle zu schonen«. Die meisten werden meinen, dass Lauras Lüge von äußerst schwarzer Art ist, obwohl sie – zumindest ihren eigenen Aussagen zufolge – von der Rücksicht auf Francescos Gefühle motiviert ist. Die Lügen stellen einen massiven Betrug dar, und es kann zweifellos gesagt werden, dass sie Francesco zum Nachteil sind, weil sie ihm die Möglichkeit entziehen, frei zu entscheiden, ob er wirklich mit einer Person von Lauras Kaliber verheiratet sein will. Daher müssen wir das Ganze eingrenzen und zum Beispiel hinzufügen, dass eine Lüge nur dann weiß ist, wenn sie nicht dazu gedacht ist, jemandem zu schaden. Aus diesem Raster würden Lauras Lügen herausfallen, weil sie Francesco zum Schaden sind. Es stimmt schlichtweg nicht, dass ihm das, was er nicht weiß, nicht wehtun würde. Die Lüge zwingt Francesco, in einer Beziehung mit einer Person zu bleiben, die völlig anders ist, als er glaubt.

Was, wenn nun Laura das Verhältnis mit Francescos Freund beendet hat und das Ganze als kleinen Ausrutscher betrachtet, der keine Konsequenzen für ihre Beziehung haben sollte? Dann liegt die Situation wohl so, dass es im Grunde an dem Betrogenen ist, zu entscheiden, ob dies nur ein kleiner Fehltritt war, der keine Konsequenzen haben sollte, und nicht an der Untreuen. Durch die Lüge wird dem Betrogenen die Möglichkeit genommen abzuwägen, ob die Beziehung im Hinblick auf die Geschehnisse erhaltungswürdig ist. Die Lügnerin kann sich zwar vormachen, dass ihre Lüge durch den Wunsch gerechtfertigt sei, den Partner nicht zu verletzen; ein unabhängiger Blick wird aber vermutlich klar erkennen lassen, dass dies nicht so sehr aus Uneigennutz, sondern vielmehr aus Furcht vor der Konfrontation geschehen ist, davor, das Gesicht zu verlieren und nicht zuletzt einen Menschen, der einem etwas bedeutet.

Was, wenn Laura an der Lüge festhielte, und Sie als guter Freund von Francesco davon wüssten? Sie wüssten auch, dass es ihn ziemlich erschüttern würde, von der Untreue zu erfahren, weil seine Ehe für ihn identitäts- und sinnstiftend wirkt. Müssen Sie ihm die Wahrheit sagen? Auf die Frage gibt es keine pauschale Antwort, doch zumindest sollten Sie selbst nicht lügen, um Lauras Lüge zu decken. Durch das Lügen würden Sie Francesco der Möglichkeit berauben, ein neues Lebenskonzept zu entwerfen, vorzugsweise eines, das nicht auf unsicherem Grund errichtet ist.

Es ist denkbar, eine weitere Anforderung hinzuzufügen: Die Lüge muss der angelogenen Person zum Vorteil gereichen. Man kann beispielsweise jemanden für seine Kleidung oder seine Wohnungseinrichtung loben, obwohl man sie ziemlich hässlich findet. Möglicherweise bezeichnet man auch ein Essen als vortrefflich, obwohl man sich in Wahrheit bemüht, den Brechreiz zu unterdrücken. Und sollte das Essen gut gewesen sein, war vielleicht die Abendgesellschaft todlangweilig, dennoch sagt man bei der Verabschiedung, dass es sehr nett gewesen sei. In diesen Fällen geht es darum, die Gefühle anderer zu schonen, weil man annimmt, es würde ihnen unangenehm sein, wenn man ausspräche, was man wirklich denkt. Indessen soll nicht verschwiegen werden, dass ausschlaggebend für den Einsatz weißer Lügen oft nicht die Rücksicht auf die Gefühle anderer ist, sondern vielmehr die Vermeidung eigenen Unbehagens, das aufkäme, wenn man die Wahrheit sagen würde.

Wie verhält es sich mit einem Arzt, der glaubt, es sei nicht zum Besten seines Patienten, die Wahrheit über seinen Gesundheitszustand zu erfahren? Denkbar wäre eine beruhigende Lüge im Vorfeld einer Operation, die suggeriert, dass das Risiko für Komplikationen bei dem geplanten Eingriff nur gering sei, während in Wirklichkeit ein nicht unbedeutendes Risiko besteht. Doch was, wenn der Arzt kein besonders guter Lügner ist, und der Patient ihn durchschaut? Dann könnte er noch größere Angst bekommen. Wie wäre die weiterführende Behandlung noch möglich, wenn der Patient das Gefühl hat, dem Arzt nicht vertrauen zu können? Nehmen wir an, ein Arzt würde herausfinden, dass ich nur noch wenige Monate zu leben hätte, dass ich aber bis zum Schluss nahezu symptomfrei bleiben würde. Der Arzt glaubt vielleicht, dass er mich schonen sollte, indem er mir nicht von meinem bevorstehenden traurigen Ableben erzählt, damit ich den Rest der mir bemessenen Zeit sorglos würde verbringen können. In diesem Fall hätte er mich der Möglichkeit beraubt, die wenige Zeit, die mir bliebe, so zu verwenden, wie ich es gewollt hätte, indem ich nämlich aufgeräumt hätte, was aufzuräumen gewesen wäre, indem ich mich von der Welt verabschiedet und das getan hätte, was keinen Aufschub mehr geduldet hätte.

Was bedeutet es, einen Sterbenden zu belügen? Als feststand, dass mein Vater nicht mehr lange leben würde, hatten wir viele gute und intime Gespräche, in denen wir beide keinen Hehl daraus machten, dass ihm nicht mehr viel Zeit blieb. Ich wünschte, ich hätte solche Gespräche auch mit meiner Mutter haben können, sie aber weigerte sich, überhaupt die Möglichkeit in Betracht zu ziehen, dass sie bald sterben würde. Ich habe sie nicht angelogen und behauptet, alles würde gut werden, aber es war auch nicht meine Aufgabe, sie mit ihrem bevorstehenden Tod zu konfrontieren, solange sie es nicht wollte.

Der Gedanke, auf dem weiße Lügen gründen, ist der ihrer Harmlosigkeit, der Umstand, dass sie buchstäblich niemandem schaden. Doch ist jemand, der sich selbst solcher Lügen bedient, berechtigt, ihre Harmlosigkeit zu beurteilen? In gewissem Maße kann der Lügner sich nie sicher sein, ob der Belogene es nicht eigentlich vorgezogen hätte die Wahrheit zu erfahren. Der weiße Lügner beurteilt die Situation nicht ohne Arroganz, weil er dem anderen unterstellt, er wäre nicht in der Lage, die Wahrheit auszuhalten. Wenn ich aus Nächstenliebe lüge, erhebe ich mich selbst zum Richter über die Belastbarkeit des anderen, über sein Leben, seine Beziehungen und seinen Ruf. Weiterhin übersieht der weiße Lügner, was für eine korrumpierende Kraft die Lüge auf seine Moral ausübt, dass sie den Weg für eine nächste weiße Lüge ebnet, dass sie graue Lügen vorstellbar macht, bevor es immer naheliegender erscheint, sich auch der schwarzen Lügen zu bedienen. Weiße Lügen untergraben die Gewohnheit der Wahrhaftigkeit. Montaigne schreibt: »Das Lügen ist wahrlich ein verdammtes Laster. Sind wir doch Menschen und gesellige Wesen nur durch die Sprache. Würden wir die Tragweite und Scheußlichkeit dieses Lasters recht einsehen, wir würden es mit Feuer und Schwert verfolgen mit mehr Recht als andere Verbrechen.«[49] Alle Lügner auf dem Scheiterhaufen zu verbrennen, wäre wohl übertrieben; das Lügen wird jedoch gerade dadurch moralisch so problematisch, weil es das gegenseitige Vertrauen untergräbt, von dem wir abhängig sind.

Sind Sie versucht zu lügen, dann sollten Sie probieren, sich in Ihr Gegenüber hineinzuversetzen, in die Position dessen, den Sie anlügen wollen. Wie würden Sie selbst es finden, in einer entsprechenden Situation angelogen zu werden? Wie würde es Ihre Meinung von der Person verändern, die Sie anlügt? Es kann sich durchaus um etwas Unwesentliches drehen, entdecken Sie die Lüge jedoch, wissen Sie, dass Sie es mit einer Person zu tun haben, die lügt, wenn es ihr angemessen erscheint, wodurch das Vertrauen zu ihr einen Knacks bekommt. Die Entdeckung verändert Ihre Meinung von der betreffenden Person. Passiert dies erneut, leidet das Vertrauen ein weiteres Mal und Ihr Verhältnis wird zwangsläufig schlechter.

Einmal wurde ich von einer Freundin zum Abendessen bei einem Botschafter begleitet. Sie hatte nie zuvor an einem solchen Essen teilgenommen und fühlte sich ein wenig unsicher. Sie fragte mich, was sie anziehen solle. Ich erinnere mich nicht, ob meine Antwort unklar war oder ob sie mich schlichtweg missverstanden hatte, als ich sie jedoch kurz vor dem Abendessen abholte, war klar, dass ihr Kleid für den

Anlass unpassend war – unter anderem wäre es vorteilhaft gewesen, wenn sich der Saum wenigstens auf Kniehöhe befunden hätte. So kurz vor dem Essen konnte das Kleid nun nicht mehr durch ein anderes ersetzt werden, weshalb ich ihr einfach sagte, sie sähe gut aus und dabei glaubte, ich machte das Beste aus einer etwas unglücklichen Situation. Im Nachhinein bin ich mir keineswegs sicher, ob ich richtig gehandelt habe. Obwohl wir später nie darüber sprachen, hatten wir wohl beide das Gefühl, dass ihr Kleid die anderen Gäste irritierte, selbstverständlich ohne, dass sie es thematisierten. Die »weiße« Lüge trug so gesehen nicht dazu bei, die Nervosität meiner Freundin zu dämpfen. Vielleicht schwächte das Ereignis auch ihr Vertrauen in mich bei zukünftigen Anlässen. Nicht zuletzt habe ich sie damals entmündigt, indem ich annahm, sie würde nicht mit der Information umgehen können, dass ihr Kleid viel zu kurz war. Was ich tat, geschah in diesem Moment mit den besten Absichten, ich bezweifle jedoch, dass die Konsequenzen der Lüge langfristig ausnahmslos gut waren.

Oft ist es verlockender zu bestärken, statt ehrlich zu sein, weil dies eine bessere Stimmung befördert. Mitunter werde ich von Philosophiestudierenden gefragt, ob ich der Meinung bin, sie sollten das Studienfach beibehalten, wobei es am einfachsten für mich wäre, ermutigend zu antworten. Die betreffende Person bekommt die gewünschte Antwort und mein

Institut verzeichnet zudem höhere Einnahmen. Natürlich versuche ich, auf solche Fragen immer so ehrlich wie möglich zu antworten, wobei meine Antwort davon abhängt, ob ich bei dem oder der Studierenden ein gewisses Talent für die Philosophie erkenne. Ein solches Talent korreliert nicht zwangsläufig mit Prüfungsergebnissen – es gibt »tüchtige« Studierende, die gute Noten bekommen, bei denen jedoch kaum wahrscheinlich ist, dass es ihnen gelingt, über ihre »Tüchtigkeit« hinaus mehr zu entwickeln, und es gibt undisziplinierte Studierende, die die Dinge nicht ganz so handhaben, wie ihnen vorgegeben wird mit der Folge, dass Bestnoten selten vorkommen, bei denen man in Diskussionen jedoch trotz allem eine ungewöhnliche Fähigkeit zur philosophischen Reflexion feststellt. So kommt es, dass ich schon zu Studierenden mit guten Noten gesagt habe, sie sollten sich ein anderes Fach suchen, während ich Studierenden mit mittelmäßigen Noten mitgeteilt habe, dass sie in der Philosophie eine Zukunft haben könnten, sofern sie disziplinierter arbeiteten. Hätte ich einem »tüchtigen« Studierenden, dem ich nicht zutraue, in der Philosophie erfolgreich zu sein, gesagt, ihm stünde eine rosige Zukunft bevor, nur um seine Gefühle zu schonen, dann wäre dies eine weiße Lüge gewesen. Langfristig hätte diese Lüge dem Betreffenden allerdings kaum Gutes gebracht.

Wenn ich jemanden anlüge, dann blockiere ich seinen Zugang zur Wirklichkeit. Das gilt sowohl für

»weiße« als auch für »schwarze« Lügen. Dadurch beraube ich den anderen der Freiheit. Egal, wie viel Wohlwollen Ursache meiner weißen Lüge ist, so sperre ich eine Einsicht aus, zu der der Betreffende in Bezug auf seine Umgebung oder sich selbst hätte gelangen können. Die Wahrheit hätte ihn befreien können. Sie hätte dem Betreffenden offenbaren können, dass er in seinem Leben etwas verändern muss. Die Wahrheit kann auch schmerzhaft oder sogar zerstörerisch sein, jedoch wäre es arrogant anzunehmen, der Betreffende könne sie nicht ertragen.

Adam Smith behauptet, dass selbst derjenige, der mit seiner Lüge niemandem schadet und mit den besten Absichten zum Wohlergehen anderer lügt, ein gewisses Maß an Scham, Reue und Selbstverurteilung erleben wird.[50] Ich bin nicht überzeugt, ob er recht hat, dass Lügen immer von solcherlei Gewissensbissen begleitet wird, normalerweise aber *sollte* es so sein. Weiße Lügen selbstverständlich sind weniger empörend als graue und schwarze Lügen, da sie bessere Absichten verfolgen und selten große Implikationen verursachen, jedoch bleiben es Lügen und diese sollten vermieden werden.

Dass weiße Lügen vermieden werden sollten, bedeutet selbstverständlich nicht, dass man stets uneingeschränkt ehrlich sein sollte. Eine ausgezeichnete Alternative ist häufig, den Mund zu halten. Nicht immer ist es erforderlich, die eigene Meinung kundzutun. Wenn man immer auf die Wahrheit beharrt, ist man mitunter brutaler, als es gut wäre. Wie William Blake in seinem Gedicht »Auguries of Innocence« hervorhob:

> A truth that's told with bad intent
> Beats all the lies you can invent.

Man braucht nicht immer die ganze Wahrheit auszusprechen. Wenn uns niemand um die eigene Einschätzung gebeten hat, sind wir auch nicht verpflichtet, sie zu äußern. Vielleicht gibt es gute Gründe, uns nicht darum zu bitten. Wird man allerdings um seine Meinung gebeten, hilft man niemandem, wenn man ihn zum Beispiel für etwas lobt, das nichts taugt. Eine Äußerung ist nicht per se gerechtfertigt, nur weil sie wahr ist. Auch Höflichkeit ist eine Tugend.

Sich selbst belügen

Normalerweise denken wir bei einer Lüge an etwas, das sich zwischen zwei Parteien abspielt, was aber, wenn Absender und Empfänger der Lüge ein und dieselbe Person sind? Kann man sich selbst belügen? Und wenn das wirklich möglich wäre, stellt sich doch als nächstes die Frage, warum man es tun sollte. Denkbar wäre, dass es Selbstbetrug gibt, da es die Fähigkeit fördert, andere zu betrügen. Wenn ich selbst an meine Unwahrheiten glaube, gelingt es mir möglicherweise besser, andere dazu zu bringen, dasselbe zu glauben. Ich werde schlichtweg überzeugender. Das aber ist selbstverständlich nur eine Hypothese.[51] Nietzsche greift diesen Gedanken auf:

> »Bei allen großen Betrügern ist ein Vorgang bemerkenswert, dem sie ihre Macht verdanken. Im eigentlichen Akte des Betrugs, unter all den Vorbereitungen, dem Schauerlichen in Stimme, Ausdruck, Gebärden, inmitten der wirkungsvollen Szenerie überkommt sie der *Glaube an sich selbst*: dieser ist es, der dann so wundergleich und bezwingend zu den Umgebenden spricht. Die Religionsstifter unterscheiden sich dadurch von jenen großen Betrügern, daß sie aus diesem Zustande der Selbsttäuschung nicht herauskommen: oder

> sie haben ganz selten einmal jene helleren Momente, wo der Zweifel sie überwältigt; gewöhnlich trösten sie sich aber, diese helleren Momente dem bösen Widersacher zuschiebend. Selbstbetrug muß da sein, damit diese und jene großartig *wirken*. Denn die Menschen glauben an die Wahrheit dessen, was ersichtlich stark geglaubt wird.«[52]

Wie bereits erwähnt, ist es anstrengend zu lügen, weil man gleichzeitig zwei Gedanken im Kopf haben muss, sowohl den des tatsächlichen Umstands als auch den gemäß der Lüge; glaubt man selbst hingegen an die eigenen Lügen, braucht es nur einen Gedanken im Kopf.

Die Selbsttäuschung muss sich nicht direkt auf die eigene Person beziehen. Sie kann sich genauso um die Überzeugung drehen, dass ein Partner treu ist, der es in Wahrheit jedoch nicht ist, wie eine nüchterne Auswertung des »Beweismaterials« eindeutig belegen würde. Eine solche Einsicht zu akzeptieren, kann so schmerzhaft sein, dass es verlockender ist, an der Illusion festzuhalten. Auch diese Form von Selbstbetrug dreht sich um die eigene Person, allerdings indirekt, da er das Verhältnis zu jemand anderem betrifft. Oft zielt Selbsttäuschung jedoch auf das eigene Selbstverständnis ab, indem wir uns zum Beispiel wider besseren Wissens selbst überschätzen. Manche Menschen glauben, für sie wäre das Risiko geringer, sich mit einem Grippevirus anzustecken, obwohl sie wissen, dass sie statistisch betrachtet genauso gefährdet sind wie andere. Eine Mehrzahl der Auto- und Motorradfahrer glaubt, im Straßenverkehr über größere Fähigkeiten zu verfügen als der Durchschnitt. In einer viel besprochenen Studie behaupteten 94 Prozent der Angestellten einer amerikanischen Universität in der Lehre tüchtiger zu sein als der Durchschnittskollege.[53] Nicht zuletzt ist eine Mehrheit überzeugt davon, sich selbst korrekter beurteilen zu können, als es bei der Durchschnittsperson der Fall ist.[54] Offenbar überschätzen viele die eigenen Fähigkeiten. Es gibt einige Phänomene, bei denen eine größere Gruppe besser sein kann als der Durchschnitt. Zum Beispiel wird die durchschnittliche Anzahl an Beinen, Armen und Augen bei Menschen jeweils unter zwei liegen, da es Menschen gibt, die ein Bein, einen Arm oder ein Auge verloren haben, bei den meisten Menschen sind jedoch jeweils beide intakt, und keiner hat drei. Deshalb hat eine größere Gruppe mehr Arme, Beine und Augen als der Durchschnitt. Hingegen ist kaum eine Mehrzahl der Universitätsprofessoren im Unterrichten tüchtiger als der Durchschnitt der Kollegen, denn es kann unmöglich wahr sein, dass fast alle besser sind als der Durchschnitt. Inwieweit eine solche Überschätzung der eigenen Person einen Selbstbetrug darstellt, ist weniger eindeutig. Es wäre durchaus vorstellbar, dass eine Mehrzahl der Universitätsprofessoren zu hören bekommen hat, außergewöhnlich tüchtig zu sein, und dass dies die Grundlage ihrer verzerrten Auffassung von der eigenen Vortrefflichkeit als Lehrer war. Vermutlich haben sie es sich ebenso oft selbst eingeredet, wodurch das Etikett »Selbstbetrug« wieder naheliegender wäre.

Unter Philosophen herrscht keine allgemeine Einigkeit darüber, ob es etwas wie Selbstbetrug überhaupt gibt, ich werde ihn im Folgenden jedoch als ein reales Phänomen behandeln. Ein Selbstbetrug zielt scheinbar darauf ab, sich selbst zu belügen. Ebenso wie der Lügner muss auch der Selbstbetrüger eine Vorstellung davon haben, was wahr ist, um dann etwas anderes zu behaupten als das, was er für wahr hält. Der Unterschied besteht darin, dass der gewöhnliche Lügner anderen etwas Unwahres erzählt, während der Selbstbetrüger sich selbst täuscht. Was die Selbsttäuschung so schwer verständlich macht, ist ihr paradoxales Wesen, da eine Person anscheinend zugleich an etwas glauben als auch nicht daran glauben muss. Der Betrüger und der Betrogene sind ein und dieselbe Person, beherbergt in nur einem Bewusstsein. Indessen scheint es unmöglich, gleichzeitig sowohl *p* als auch *nicht-p* zu glauben. Das Paradox wird kleiner, wenn man es vielmehr so konstruiert, dass der Selbstbetrüger zwar Grund hat, *p* zu glauben, weil es dafür die besten Belege gibt, die ihm durchaus bewusst sind, dass er aber zugleich auch viele andere Motive kennt, die ihn zu der Entscheidung veranlassen, von diesen Belegen abzusehen. Nicht zuletzt kann man einen *Wunsch* dahingehend hegen, was wahr sein soll.

So kann etwa ein Sektenmitglied an dem Glauben festhalten, der Sektenführer sei ein vortrefflicher Mensch, obwohl nüchtern betrachtet viel für das Gegenteil spricht. Ein mittelmäßiger Künstler kann sich schönreden, dass sein Durchbruch noch auf sich warten lässt, obwohl der Grund für seinen ausbleibenden Erfolg recht eindeutig darin zu suchen ist, dass das von ihm Erschaffene schlichtweg zu schlecht ist. Der Einsame erklärt seinen Zustand womöglich damit, dass alle anderen das Nachsehen hätten, während dies jedoch eher auf ihn selbst zutrifft.

Wie bereits erwähnt, behauptet Bernard Williams, dass die Wahrhaftigkeit zwei Bestandteile hat: (1) Aufrichtigkeit und (2) Genauigkeit. Vielleicht liegt es nahe zu denken, dass der Selbstbetrüger im Hinblick auf die Aufrichtigkeit versagt. Indessen behauptet Williams, er versage vielmehr im zweiten Punkt. Der Selbstbetrüger ist aufrichtig, versagt jedoch darin, sich zu versichern, ob diese Aufrichtigkeit sich auf die richtigen Gründe stützt. Williams vergleicht dies mit gewöhnlichen Betrugsfällen, bei denen ein Betrüger einer anderen Person falsche Tatsachen vermittelt und behauptet, dass es in solchen Situationen ebenso wichtig sei, der Tendenz des Betrogenen, sich täuschen zu lassen, entgegenzuarbeiten wie den Betrüger zu bekämpfen. So gesehen scheint sich Williams der Antwort von Homer Simpson anzuschließen, der in einer Episode von *Die Simpsons* von seiner Frau bei einer Lüge ertappt wird und kontert: »Marge, zum Lügen gehören immer zwei. Einer, der lügt, und einer, der zuhört.« So versucht Homer zu argumentieren, dass für seine Lüge sie beide verantwortlich seien, da Marge auch beteiligt war, indem sie auf ihn gehört habe.

Genuiner Informationsaustausch erfordert, dass der Zuhörer genau und der Redner aufrichtig ist. Williams fährt fort: »Wenn es so etwas wie Selbstbetrug gibt, gilt das Gleiche; unsere Irrtümer als Selbstbetrogene sind faktisch vielmehr in unserem Mangel an erkenntismäßiger Klugheit als Opfer zu finden als in unserer Unaufrichtigkeit als Täter.«[55] Ausgehend von einer solchen Analyse ist Selbstbetrug eher mit Wahrheitlichkeit verwandt als mit Lüge.

Vielleicht ist es schwieriger, sich selbst gegenüber wahrhaftig zu sein als anderen gegenüber. Sogenannte Selbsteinsicht hat die Tendenz, eher wahrheitlich als wahrhaftig zu sein. Pascal schreibt: »Es ist ohne Zweifel schlimm, wenn man voller Mängel ist; aber es ist noch viel schlimmer, wenn man von ihnen erfüllt ist und sie nicht erkennen will, denn das bedeutet, daß man sie noch um die freiwillige Illusion vermehrt.«[56] Indessen wäre es schwierig, ohne eine solide Portion Selbstbetrug durchs Leben zu gehen. Wenn man jeden Hauch verschönernder Selbstschmeichelei ausradieren soll, könnte das Ergebnis mitunter äußerst entmutigend ausfallen. Vielleicht sollten wir es aber dennoch versuchen.

Kant behauptet, wir hätten nicht nur anderen gegenüber die Verpflichtung, ehrlich zu sein, sondern auch uns selbst gegenüber. Der Mensch ist das einzige Wesen, das eine Einsicht in sich selbst erlangen kann, um dadurch ein *besserer* Mensch zu werden.[57] Kant meint, wenn es uns gelänge, eine nüchterne und aufrichtige Betrachtung von uns selbst vorzunehmen, gäbe es Grund zur Annahme, dass die meisten von uns zu einem trostlosen Ergebnis kämen. Indessen hat der Mensch, Kant zufolge, einen Hang zum Selbstbetrug, sodass er selten einsieht, wie kläglich es um ihn bestellt ist.[58] Der Selbstbetrug ist indessen selten so total, dass wir die Differenz zwischen dem, der wir sind und dem, der wir zu sein glauben, nicht einmal erkennen. Aber nicht alle erlangen diese Erkenntnis.

Rousseaus kompromissloser Selbstbetrug

Der Philosoph, der vielleicht mit dem allergrößten Nachdruck proklamiert hat, gnadenlos ehrlich sein zu wollen, nicht zuletzt sich selbst betreffend, war der Franzose Jean-Jacques Rousseau. Er erwies sich jedoch als notorischer Lügenbold und hat dabei wohl am überzeugendsten sich selbst belogen.

In den zwei Bänden seiner *Bekenntnisse* behauptete Rousseau, unübertroffen wahrhaftig zu sein. Des Weiteren nahm er an, zur Aufdeckung dieser Wahrheiten nicht außerhalb seiner selbst suchen zu müssen, sondern schlichtweg das eigene Gefühlsleben konsultieren zu können. Leider sind seine *Bekenntnisse*, milde ausgedrückt, unzuverlässig, was er in seinem letzten Werk *Träumereien eines einsamen Spaziergängers* auch selbst zugibt, worin er jedoch den alten eine wahre Flut an neuen Unwahrheiten hinzufügt. Er berichtet, dass ihn besonders eine Lüge aus seiner Jugend im Nachhinein sehr gequält habe, die für ein unschuldiges Dienstmädchen äußerst ungünstige Konsequenzen nach sich gezogen hatte, da man ihm die Schuld für einen von Rousseau begangenen Diebstahl gab. Er schreibt: »Die Erinnerung an diese unglückselige Tat und die unauslöschliche Reue, die sie in mir unterhielt, haben mir vor der Lüge einen solchen Abscheu eingeflößt, daß sie mein Herz für den Rest meines Lebens vor diesem Laster bewahrt haben müssen.«[59] Das hätten sie vielleicht tun sollen, taten es jedoch zweifellos nicht.

Der britische Philosoph David Hume, der das Pech hatte, kurze Zeit mit Rousseau befreundet zu sein, nahm an, dass Rousseau wirklich glaubte, sich selbst betreffend die Wahrheit zu sprechen, es in Wirklichkeit aber kaum einen Menschen gab, der sich selbst schlechter kannte.[60] Sich Humes Urteil anzuschließen, fällt nicht schwer. Die *Träumereien eines einsamen Spaziergängers* sind in hohem Maße paranoide Fantasien über die böswilligen Konspirationen seiner Feinde, doch war immer wieder er selbst es, der es schaffte, seine Freundschaften zu zerstören, indem er sich wie ein Mistkerl benahm. Rousseau seinerseits schreibt: »Ich zweifle, daß es einen Menschen auf der Welt gibt, der harmloser ist als ich.«[61] Ihm gelang es nie, sich selbst mit nüchternem Blick zu betrachten, weshalb er sich selbst ein Leben lang nicht kennenlernte, obwohl er kompromisslos egozentrisch war. Da Rousseau sich selbst gegenüber nicht wahrhaftig sein konnte, war er dies auch nicht im Umgang mit anderen, weshalb er als komplett unzuverlässig galt.

Es liegt mehr als nur leichte Ironie darin, dass Rousseaus Lebensmotto lautete: *Vitam impendere vero* (»Das Leben der Wahrheit widmen«). Man kann sagen, dass Rousseau die Kunst, das Leben von der Lehre zu trennen, nahezu perfektionierte. Mit *Émile oder Über die Erziehung* verfasste er ein einflussreiches Werk über die perfekte Erziehung von Kindern, beschloss jedoch, die fünf Kinder, die er mit seiner Lebensgefährtin Thérèse Levasseur bekam, unmittelbar nach der Geburt ins Kinderheim zu geben. Anfangs begründete er seine Entscheidung damit, dass er es sich nicht leisten könne, Kinder zu haben und Rücksicht auf Thérèses Ehre nehmen müsse, da sie nicht verheiratet waren; zudem würden die Kinder durch das Aufwachsen im Kinderheim »robuster«.[62] Dass die Sterblichkeit in Kinderheimen zu dieser Zeit den Durchschnitt in Frankreich weit überstieg, schien ihn nicht zu bekümmern. Zwar mag er angenommen haben, dass die Verhältnisse im Kinderheim nicht ganz so elend waren, jedoch kann er unmöglich aufrichtig geglaubt haben, dass die Kinder dort gute Entwicklungsbedingungen hatten. Weiterhin unterstrich er, dass Heranwachsende mit einer solchen Kindheit eher gewöhnliche Arbeiter oder Bauern würden, als ein so dekadentes Gesellschaftsleben zu führen wie er selbst. Um seinem Handeln eine philosophische Begründung zu geben, verwies er anerkennend auf Platons Theorie, dass der Staat für jegliche Kindererziehung verantwortlich zeichnen und kein Kind seine Eltern kennen solle. Seine Argumente wirken vielmehr wie eine Reihe von Rationalisierungen statt ehrlicher Aussagen. In den *Bekenntnissen* berichtet er davon, wie es ihm gemeinsam mit Thérèses Mutter gelang, die Lebensgefährtin davon zu überzeugen, ihre Kinder ins Heim zu geben, weil dieses Vorgehen so weitverbreitet war, dass er nicht die geringsten Zweifel verspürte, so zu handeln.[63] Die einfache Antwort darauf, warum Rousseau entschied, seine Kinder ins Heim zu geben, besteht darin, dass sie seiner Selbstverwirklichung und dem Wunsch im Weg standen, sein Leben so weiterzuführen, wie er es bisher getan hatte. Er war derart überzeugt von seiner eigenen Vortrefflichkeit, seiner nahezu grenzenlosen Güte und Menschenliebe, dass ihm diese Überlegung nicht in den Sinn kam. Wie er in den *Bekenntnissen* schreibt, war er selbst, alles in Betracht gezogen, in seinen Augen der beste unter den Menschen.[64] Dennoch muss in ihm das Bewusstsein geschlummert haben, dass sein Handeln nicht akzeptabel war. Er berichtet von einem Mittagessen, bei dem er, sich der

Wahrheit wohl bewusst, auf die Frage einer Schwangeren, ob er Kinder habe, wie folgt reagierte: »Ich antwortete, über und über errötend, daß ich nicht so glücklich gewesen sei.«[65] Anscheinend beurteilte er sein Tun als zu problematisch, um frei darüber sprechen zu können.[66] Auch gab er zu, zur Vermeidung peinlicher Situationen oft aus Scham gelogen zu haben. Wie ist das mit der Behauptung vereinbar, er habe die Wahrheit vor alles andere im Leben gestellt?

Rousseau greift diese Problemstellung selbst auf und beschreibt seine Verwunderung darüber, wie viele Lügen er erzählt habe, während gleichzeitig seine Liebe zur Wahrheit absolut gewesen sei.[67] Nicht zuletzt unterstreicht er, keinerlei Reue zu empfinden, Lügen erzählt zu haben, um sich selbst aus peinlichen Situationen zu retten. Zur Lösung dieses Problems bedient er sich diverser Ausflüchte wie der Behauptung, dass nur dann von Lüge die Rede sein könne, wenn der Belogene Nutzen aus dem Gesagten hätte ziehen können und da die meisten seiner Unwahrheiten angeblich unnützer Art gewesen seien, seien sie nicht als Lügen zu betrachten. Das ist ein problematisches Kriterium, denn wie kann man sich sicher sein, was für den Angesprochenen von »Nutzen« sein kann? Rousseaus zugrunde gelegter Gedanke lautet: »Bei allen schwierigen Fragen der Sittenlehre bin ich immer gut gefahren, wenn ich eher auf mein Gewissen hörte als auf meine Vernunft; nie hat mich das sittliche Gefühl getäuscht.«[68] Eine Aussage wird mit anderen Worten erst dann zur Lüge, wenn das Gewissen einem sagt, dass es sich um eine Lüge handelt. Solange sich das Gewissen nicht meldet, scheint der Fall für Rousseau unbedenklich zu sein.

Das Gewissen ist wesentlich für unsere Selbsterkenntnis, allerdings ist es keine unfehlbare Quelle, wie Rousseau glaubte. Hat man etwas Falsches getan, sollte man ein schlechtes Gewissen haben. Hat man umgekehrt jedoch kein schlechtes Gewissen, lässt sich nicht darauf schließen, dass man nichts Falsches getan hat. Ein extremes Beispiel für diesen Trugschluss ist Leutnant William L. Calley, der als Offizier für das Massaker in My Lai am 16. März 1986 verantwortlich war. Innerhalb von rund anderthalb Stunden wurden 507 unschuldige Menschen ermordet, darunter 173 Kinder und 76 Säuglinge. Calley allein tötete 102 Menschen. Der offizielle Bericht besagte: »128 Gegner im Kampf getötet.« Erstens waren es nicht 128, sondern 507 Ermordete, zweitens wurden sie nicht im Kampf getötet, sondern abgeschlachtet, und drittens waren es keine Gegner im Sinne feindlicher Soldaten, sondern gewöhnliche Zivilisten. Aus seiner Sicht hatte Calley nur getan, was von einem guten Soldaten erwartet wurde, und er konnte es nicht glauben, als er des Massenmordes angeklagt wurde:

> »Ich konnte es nicht verstehen. Aber ich dachte: *Kann es sein, dass ich etwas Falsches getan habe*? Ich

> wusste, dass Krieg falsch war. Zu töten ist falsch – das verstand ich. Aber ich war in einen Krieg gezogen. Ich hatte getötet, aber ich wusste, *das hatte auch eine Million anderer getan.* Ich saß dort und konnte den Schlüssel nicht finden. Ich sah die Leute in My Lai vor mir, die Körper, und sie beunruhigten mich nicht. Ich hatte Vietcong gefunden, gestellt und zerstört – der Befehl an diesem Tag. Ich dachte: *Das kann nicht falsch gewesen sein, denn dann hätte ich Reue empfunden.*«[69]

Unser Gewissen muss um einen nüchternen Blick auf das ergänzt werden, was wir faktisch getan haben. Es allein garantiert uns höchstens Wahrheitlichkeit, nicht Wahrhaftigkeit. Der norwegische Begriff »samvittighet« stammt vom deutschen Wort *Gewissen*, das eine Übersetzung des lateinischen *conscientia* darstellt, was synonym für das griechische *syneidesis* steht. All diesen Worten ist etwas gemeinsam, was ihre Vorsilben (sam-, ge-, con- und syn-) belegen. Die Worte deuten ein Mit-Wissen an, ein Wissen über uns selbst. Sie verweisen darauf, dass wir uns selbst betrachten und unsere eigenen Handlungen und Motive beurteilen. Der Selbstbetrug behindert die Fähigkeit des Gewissens, uns in unserem Handeln zu leiten. Wenn man den schlechten Seiten des eigenen Charakters und der eigenen Handlungen ausweicht, ist man auch weniger geneigt, moralisch gut zu handeln und begangenes Unrecht zu beheben. Wir unterliegen der moralischen Verpflichtung, uns die Wahrheit über uns selbst zu erzählen. Das Eingeständnis dessen, wie schlecht es in vielerlei Hinsicht um uns bestellt ist, erlaubt uns Einblicke in die Person, die wir wirklich sind, wodurch wir hoffentlich die Grundlage schaffen, ein anständigerer Mensch zu werden. Dies ist ein Ziel, nach dem wir streben können, selbst wenn es nicht unwahrscheinlich ist, dass wir erneut scheitern. Ein Gewissen wie jenes von Rousseau eignet sich hingegen nicht, um Einsicht zu erlangen und die eigenen Fehltritte zu korrigieren. Es versichert uns nur immer wieder, dass alles in schönster Ordnung sei. Ein Gewissen, das sich nicht für Korrekturen empfänglich zeigt, ist keine Quelle der Selbsteinsicht, sondern des Selbstbetrugs.

Wer sich der Wahrheit gegenüber so frei verhält, wie Rousseau es tat, wird irgendwann wahrscheinlich einsam werden. Dieser Zustand bestimmt auch das Hauptthema in den *Träumereien eines einsamen Spaziergängers*:

> »Nun bin ich allein auf der Welt, habe keinen Bruder, keinen Freund, keine Gesellschaft außer mir. Der geselligste und liebebedürftigste aller Menschen wurde einmütig aus deren Mitte verbannt. Die Spürigkeit ihres Hasses ließ sie die Qual finden, die meine empfindliche Seele am grausamsten treffen mußte: sie zerrissen gewaltsam alle Bande zwischen ihnen und mir.«[70]

Rousseau wollte seinen Charakter nicht durch die Blicke anderer beschrieben wissen – dies sollte nur sein eigener Blick tun. Die Abwesenheit eines fremden Blicks führte jedoch zur systematischen Verzerrung seines eigenen, bis dieser nur noch mit Selbstschmeicheleien beitrug.

Eine Quelle für den kritischen Blick auf uns selbst können tatsächlich wir selbst sein. Adam Smith entwickelte die Theorie vom »unparteiischen Zuschauer«. Als soziale Wesen, schreibt Smith, zwingt uns die Furcht vor Einsamkeit, die Nähe anderer Menschen zu suchen, selbst wenn wir uns zum Beispiel schämen oder ein Bedürfnis verspüren, den urteilenden Blicken anderer zu entgehen.[71] Er unterstreicht, dass derjenige, der in Einsamkeit aufwachsen muss, sich selbst niemals kennenlernen wird.[72] Er wird sich selbst falsch einschätzen, indem er sowohl seine guten Taten als auch seine erlittenen Schäden überbewertet.[73] Wir brauchen den Blick anderer auf uns selbst. Der wichtigste moralische Blick ist indessen der, den wir selbst auf uns haben. Smith zufolge ist die Moral in der Einbildungskraft beheimatet, in unserer Vorstellung, wie wir von außen betrachtet erscheinen, wie wir unser Handeln aus der Perspektive eines unparteiischen Betrachters bewerten.

Der unparteiische Betrachter lehrt uns die Unzulänglichkeit der eigenen Person im großen Zusammenhang und zeigt, dass man nicht der Mittelpunkt des Universums ist. Zwar sind die jeweiligen Eigeninteressen aus dem Blickwinkel des unparteiischen Betrachters völlig legitim, doch wird auch die Legitimität der Interessen anderer ersichtlich, sodass nun erwartet werden kann, dass wir bestrebt sind, auch diese zufriedenzustellen. Darum sollen wir uns laut Smith in einer Weise bemühen, die uns beständig zu einer besseren Ausgabe unserer selbst macht, die uns nicht nur gut erscheinen lässt, sondern wirklich gut *ist*, durch die wir nicht nur geliebt werden, sondern auch *würdig* sind, geliebt zu werden.[74] Wie Smith hervorhebt, ist es mitunter so unangenehm, schlecht über uns selbst zu denken, dass wir einem harten Urteil lieber ausweichen. Er fährt fort: »Dieser Selbstbetrug, diese fatale Schwäche des Menschengeschlechts ist die Quelle der Hälfte aller Plagen eines menschlichen Lebens. Würden wir uns selbst in dem Lichte sehen, in dem andere uns sehen, oder in dem Lichte, in dem sie uns sehen würden, wenn sie alles über uns wüssten, dann wäre eine große Veränderung unumgänglich. Anders würden wir unseren eigenen Anblick nicht ertragen.«[75]

Selbstinszenierung und Selbstbetrug

Den wenigsten von uns gelingt es, vor sich selbst alle Karten auf den Tisch zu legen, und weit weniger noch vor anderen. *Gnothi seauton* (*Erkenne dich selbst*) lautete die Inschrift über dem Portal des Apollontempels in Delphi. Selbsterkenntnis zu erlangen, scheint eine Verpflichtung gegenüber uns selbst zu sein. Nun stellt sich Selbsterkenntnis nicht ohne Weiteres ein, denn wir alle sind Blender. Wir blenden nicht nur andere, sondern auch uns selbst und schreiben uns selbst gern erheblich stärkere moralische Motive zu, als wir sie wirklich besitzen. Man lügt selten so überzeugend, wie wenn es darum geht, sich selbst gegenüber ehrlich zu sein. Nach und nach glauben wir an unsere Lügen und verlieren den Überblick darüber, welche Geschichten wahr sind, bis eine Erzählung mit einer anderen kollidiert. Daher kann es unangenehm sein, wenn Menschen, die man aus einem Kontext gut kennt, in einem anderen auftauchen. Dann wird es mitunter schwer, die unterschiedlichen Erzählungen über sich selbst in Einklang zu bringen. Trotzdem behalten wir unsere Strategie bei – in der Hoffnung, weder von anderen noch von uns selbst entlarvt zu werden.

Vielleicht ist es einfacher, anderen gegenüber wahrhaftig zu sein als sich selbst gegenüber, vielleicht aber ist das nur möglich, wenn man zuerst sich selbst gegenüber dazu fähig ist. Andere können uns nur vertrauen, wenn wir ihnen gegenüber wahrhaftig sind, und wir können uns selbst nur vertrauen, wenn wir in der Lage sind, uns selbst gegenüber wahrhaftig zu sein. Können wir uns selbst nicht vertrauen, kann es auch kein anderer.

Wir inszenieren uns stets selbst. In *The Love Song of J. Alfred Prufrock* schreibt T. S. Eliot davon, »ein Gesicht zu errichten, um den Gesichtern zu begegnen, denen man begegnet«[76]. Wir kleiden uns zum Beispiel danach, wie wir in verschiedenen Situationen wahrgenommen werden wollen. Als soziale Wesen spielen wir füreinander Rollen und überwachen zugleich uns selbst, um uns zu versichern, dass wir die Rollen richtig spielen und die sozialen Normen des Spiels einhalten. Der kanadische Soziologe Erving Goffman folgte diesem Aspekt und behauptete, dass das Selbst schlichtweg ein Set von Rollen sei, das in sozialen Situationen vor den Zuschauern entstünde.[77] Ohne sich vorbehaltlos Goffmans sozial reduktiver Sicht auf das Selbst anzuschließen, wird ersichtlich, dass er einen wesentlichen Punkt einfängt. Wir bilden uns nicht nur eigene Vorstellungen darüber, wer wir sind, sondern inszenieren auch für andere Vorstellungen, in denen wir eine Rolle unserer selbst spielen.

Kant ist dem gegenüber positiv eingestellt, weil wir durch das Spielen solcher Rollen gute Gewohnheiten entwickeln können, die nach und nach Teil unseres moralischen Charakters werden:

> »Die Menschen sind insgesamt, je civilisierter, desto mehr Schauspieler: sie nehmen den Schein der Zuneigung, der Achtung vor Anderen, der Sittsamkeit, der Uneigennützigkeit an, ohne ir-

> gend jemand dadurch zu betrügen; weil ein jeder Andere, daß es hiermit eben nicht herzlich gemeint sei, daher einverständig ist, und es ist auch sehr gut, daß es so in der Welt zugeht. Denn dadurch, daß Menschen diese Rolle spielen, werden zuletzt die Tugenden, deren Schein sie eine geraume Zeit hindurch nur gekünstelt haben, nach und nach wohl wirklich erweckt und gehen in die Gesinnung über.«[78]

Eine Rolle zu spielen, bedeutet keinen Betrug an anderen, wir können dadurch vielmehr selbst zu besseren Menschen werden. Gleichzeitig müssen wir auf der Hut sein, zu gut von uns zu denken, wozu wir zweifellos neigen.

Ein wesentlicher Bestandteil dessen ist es, Narrative über uns selbst zu schaffen, wobei die Versuchung groß ist, die Wahrheit ein bisschen auszuschmücken, weniger vorteilhafte Elemente auszulassen und andere zu verstärken, womöglich sogar Dinge zu erfinden, die nie geschehen sind. Wenn wir Narrative über uns selbst erschaffen, sind wir alle kreativ und dieser Prozess ist unumgänglich. Eine Identität zu haben, heißt unter anderem, eine Vorstellung vom eigenen Leben als Narrativ zu haben, in dem Vergangenheit und Zukunft heute Sinn ergeben.[79] Das Narrativ organisiert unsere Erfahrungen in sinnvolle Episoden und knüpft Zusammenhänge zwischen ihnen, sodass sie eine Gesamtheit bilden. Mit anderen Worten geben wir unserem eigenen Leben Sinn – und verstehen uns selbst – wie wir es mit Personen in Erzählungen machen, indem wir ihren Hintergrund mit dem verbinden, was sie tun, welche Pläne sie für die Zukunft haben, was mit ihnen geschieht und nicht zuletzt, welches Verhältnis sie zu anderen Personen haben. Das eigene Narrativ zu verstehen, heißt, man selbst zu *werden*.

Das Problem ist selbstverständlich, dass wir keine ganz wahrhaftigen Erzähler sind. Wir tendieren dazu, unsere guten Taten zu maximieren und die schlechten zu minimieren. Schlechte Handlungen werden zeitlich weiter nach hinten verlegt, während die guten näher in die Gegenwart rücken. Erzählt man sich und anderen von sich selbst, wird man typischerweise Distanz zu den schlechten und Nähe zu den guten Taten suchen. Zudem misst man sich selbst gern bessere Motive bei, als streng genommen vorhanden waren. Derartige Verschiebungen weisen eine gewisse Systematik auf. Man erscheint häufiger in besserem als in schlechterem Licht. Nicht, dass alles Negative ausradiert würde, jedoch bedient sich die Erinnerung oftmals eines verschönernden Filters. Sich das bewusst zu machen, kann möglicherweise dazu beitragen, die Schönfärberei einigermaßen in Schach zu halten. Denn manchmal lügen wir anderen gegenüber so überzeugend, dass wir anfangen, die eigenen Lügen zu glauben. Daraus können sich umfassende Lebenslügen entwickeln. Wie La Rochefoucauld schreibt:

»Wir sind so sehr daran gewöhnt, uns vor anderen zu verstellen, dass wir uns am Ende vor uns selbst verstellen.«[80] Normalerweise unterstelle ich, über ein gutes Gedächtnis zu verfügen, doch kommt es vor, dass ich mich frage, ob es so gut ist, dass ich mich sogar an Dinge erinnere, die nie passiert sind. Dabei geht es selten um spektakuläre Ereignisse, sondern vielmehr um Kleinigkeiten, die ich mir selbst und anderen zu mehreren Anlässen erzählt habe, wobei jedes Mal, wenn ich sie erzählte, Variationen entstanden. So wohnt der Erzählung, die ich letztendlich vortrage, etwas inne, das nicht ganz richtig wirkt, ohne dass ich genau benennen könnte, was es ist, mitunter sogar dann, wenn ich glaube, eine klare Erinnerung daran zu haben. Leider bin ich nicht im Besitz von Filmaufnahmen, mit denen ich die Erinnerung abgleichen könnte; falls ich jemanden kenne, der dabei war, kann ich selbstverständlich dort nachfragen, wohl wissend, dass niemand ein unfehlbares Gedächtnis hat.

Falsche Erinnerungen zu erschaffen, ist hingegen vergleichsweise einfach. In Experimenten, in denen Versuchspersonen gebeten wurden, vollkommen fiktive Ereignisse zu beschreiben, deren sie nie Zeuge waren, erwarb die Hälfte der Teilnehmer falsche *Erinnerungen* an diese fiktiven Ereignisse.[81] Sie konnten sich daran erinnern, obwohl sie gleichzeitig wussten, dass diese Ereignisse nie stattgefunden hatten, und sogar als Teil des Versuchs erfunden worden waren. Im alltäglichen Leben außerhalb eines solchen Experiments wird man selbstverständlich zu der Annahme neigen, dass das, woran man sich erinnert, auch passiert ist.

Indem man eine Lüge erzählt, wohl bemerkt im Bewusstsein dessen, dass man lügt, ist man geneigt zu glauben, dass das Gesagte wahr ist.[82] Dieser Effekt wird deutlich stärker, wenn man die Lüge anderen erzählt, statt sie sich nur vorzustellen. Durch das Erzählen überzeugt man also nicht nur andere davon, eine Unwahrheit zu glauben, sondern ein Stück weit auch sich selbst. Dies ist zweifellos eine Quelle des Selbstbetrugs.

Wir sollten vorsichtig sein, andere über uns selbst zu belügen, aus dem einfachen Grund, dass wir selbst darauf hereinfallen könnten. Selbstverständlich ist es mitunter angenehmer, mit der Vorstellung durchs Leben zu gehen, man sei ein vortrefflicher Mensch, jedoch hat die Wirklichkeit die unerfreuliche Tendenz, uns irgendwann einzuholen. Und sollte es jemandem gelingen, den Selbstbetrug bis zum Ende durchzustehen, hieße das doch, ins Grab zu gehen, ohne sich selbst gekannt zu haben, was ein recht trauriger Gedanke ist.

Lüge und Freundschaft

Die meisten von uns haben einen Freund oder Bekannten, der über sich selbst »Räuberpistolen« erzählt, der von ungewöhnlichen Dingen berichtet, die er erlebt hat. Nachdem wir ihm anfangs geglaubt haben, müssen wir nach und nach einsehen, dass die Summe all dieser Geschichten einfach nicht aufgeht. Oft stört mich das kaum und ich betrachte diese Geschichten allem voran als eine Form von Unterhaltung. Problematisch wird es, wenn sich die Geschichten im Laufe der Jahre anhäufen und der Urheber, der anderen Freunden und Bekannten zweifelsohne neue fantasievolle Geschichten präsentiert, die Übersicht verliert. Hinter diesen Lügen steckt selten gefährlicher Betrug, jedoch können sie dazu führen, dass wir für die Person etwas weniger Respekt entwickeln, als es sonst der Fall gewesen wäre. Außerdem lernen wir im Grunde nicht *sie* kennen, sondern nur die von ihr erschaffene unterhaltende Fiktion. Ein konstitutives Element von Freundschaft ist die fortwährende Vertiefung und Interpretation sowohl von uns selbst als auch von unserem Freund, wobei hoffentlich ein besseres Verständnis von beiden erlangt wird. Wer lügt, untergräbt diesen Prozess, was eine Art Bruch des Freundschaftsvertrags darstellt.

Decken wir einen Betrug auf, führt Erving Goffman aus, so befinden wir, dass die Person nicht das Recht hatte, uns in ihrer Rolle zu täuschen.[83] Weiterhin unterstreicht er, je besser der Betrüger seine Rolle spielt, desto stärker fühlt man sich provoziert, weil der Betrug die Verbindung schwächt, die unserer anfänglichen Annahme zufolge zwischen dem Recht und der Fähigkeit, eine Rolle zu spielen, existiert. Kurz gesagt: Es schwächt unser Vertrauen darin, dass andere die sind, für die sie sich ausgeben. Besonders empörend ist es, wenn der Betrüger die Rolle eines Freundes gespielt hat.

Für Aristoteles ist Freundschaft ein notwendiger Bestandteil des guten Lebens und niemand würde sich entscheiden, ohne Freundschaften zu leben, selbst wenn er ansonsten alles hätte, was ein Mensch sich wünschen könne.[84] Freundschaft habe jedoch zur Voraussetzung, dass es ein gegenseitiges Vertrauen gäbe. Fassen wir selbst kein Vertrauen zu anderen oder andere zu uns, dann ist Freundschaft unmöglich.[85] Wir müssen unseren Freunden vertrauen. Selbstverständlich gilt dies nicht in jeder Hinsicht, denn auch wenn man Vertrauen in die Ehrlichkeit des Freundes hat, muss man nicht darauf vertrauen, dass er sich zum Beispiel am Aktienmarkt gut auskennt, selbst, wenn er dies behauptet. So gesehen ist Vertrauen immer bedingt, jedoch muss ein bestimmtes Mindestmaß an Vertrauen vorherrschen. Grundlegendes Misstrauen bricht mit der Norm für Freundschaft. Daher ist richtig was La Rochefoucauld schreibt: »Es ist beschämender, seinen Freunden zu misstrauen, als sich von ihnen täuschen zu lassen.«[86] Das Misstrauen deutet darauf hin, dass man kein wirklicher Freund ist, und ist man kein wirklicher Freund, dann hat man es vielleicht verdient, betrogen zu werden: »Unser Misstrauen rechtfertigt den Betrug durch unsere Nächsten.«[87] Kant hebt hervor, dass der Kern der Freundschaft aus dem vollkommenen Vertrauen zweier Personen zueinander besteht, die sich Gedanken, Geheimnisse und Gefühle preisgeben.[88] Damit eine Freundschaft real sein kann, müsse man miteinander offenherzig umgehen.[89] Wir sollten uns nicht nur vor Freunden öffnen können – die Freunde müssen sich auch vor uns öffnen können. Es ist uns ein Bedürfnis, einem Freund Seiten von uns zu zeigen, die jedem anderen zu zeigen uns unangenehm wäre, und hoffen, dass der Freund uns seinerseits solche Seiten zeigt.[90] Dies ist eine ganz besondere Beziehung, die man nur zu einem oder höchstens einigen wenigen Menschen haben kann.[91] Ohne einen Freund sei der Mensch vollkommen isoliert, sagte Kant in einer Vorlesung.[92] Mit einem Freund jedoch, der uns umfassend über seine Person belügt, ist man auch isoliert, da man sich nur an eine Illusion bindet, selbst wenn man sich dieser Isolation nicht bewusst ist, solange man in ihr gefangen ist.

Kant überhöht möglicherweise die Bedeutung des Teilens von Geheimnissen. Was mich betrifft, teile ich nicht besonders viele Geheimnisse mit meinen Freunden, weil ich einfach nicht sehr viele Geheimnisse zu teilen habe, aber es kommt vor. Der Geheimnisaspekt sorgt in Freundschaften für ein besonderes Wahrheitsproblem. Das Geheimnis wird unter der Voraussetzung geteilt, dass es nicht weitererzählt werden soll, doch was soll man tun, wenn man schließlich vor der Wahl steht, das Geheimnis preiszugeben oder jemand anderen zu belügen? Hier besteht ein offenkundiger Pflichtkonflikt, für den es nach meiner Auffassung keine allgemeine und zufriedenstellende Antwort gibt. Indessen glaube ich, dass man dem Problem meistens entgehen kann, indem man nicht oder nur ausweichend antwortet. In speziellen Situationen, wenn man etwa vor Gericht als Zeuge unter Eid aussagen würde, und ein ernsthaftes Verbrechen verhindern könnte, scheint die Wahrheit Vorrang vor der Freundschaft erhalten zu müssen; in den meisten anderen Situationen jedoch und nicht zuletzt dann, wenn es private Angelegenheiten betrifft, würde ich wohl der Freundschaft den Vorrang einräumen.

Um befreundet sein zu können, müssen wir nicht zwangsläufig unsere intimsten Geheimnisse teilen – vieles ist ausschließlich uns allein vorbehalten –, jedoch müssen wir etwas teilen, das wir nicht mit allen anderen teilen. Wir brauchen Abstand zu vielen Menschen, um zu einigen wenigen desto engere Verbindungen zu knüpfen. Wir bauen Beziehungen auf, indem wir entscheiden, verschiedene Seiten von uns selbst preiszugeben und in verschiedener Weise anderen Zugang zu uns zu gewähren. Einiges wollen wir ganz für uns haben und vieles wollen wir mit Familie und Freunden teilen, in einer Sphäre, in der wir uns mehr oder weniger unverstellt äußern. Wieder andere Dinge wollen wir mit einer breiteren Öffentlichkeit teilen. Wenn Sie mit mir nicht mehr teilen als das, was Sie auch mit allen anderen teilen, sind wir keine Freunde, sondern nur Bekannte, weil uns nichts Spezielles miteinander verbindet. Es ist nichts dagegen einzuwenden, nur miteinander »bekannt« zu sein, und ich habe viele Bekannte, die ich sehr schätze, doch hierbei handelt es sich um etwas anderes, etwas Ferneres und weniger Verpflichtendes als eine genuine Freundschaftsbeziehung. Sollte sich ein Bekannter als jemand vollkommen anderes erweisen, als der, für den er sich ausgegeben hat, wird das selbstverständlich meine Sicht auf ihn verändern, aber ich werde mich nicht sonderlich betrogen fühlen. Mit einem Freund läge die Sache anders. Wir hätten einander dann eigentlich nie gekannt, obwohl die Freundschaft genau dieses Versprechen beinhaltet. Es wäre so, als würde man ein Gemälde des berühmten Kunstfälschers van Meegeren statt eines echten Vermeer bekommen. Zugespitzt formuliert, ist derjenige, der sich ins Leben des anderen geschlichen hat, ein Betrüger.

Sowohl in der fiktionalen als auch in der realen Welt gibt es viele Beispiele für Menschen, die ihr komplettes Leben auf Lügen aufgebaut haben, wodurch ihre Freunde und Familien sie im Grund nie wirklich gekannt haben. In der Fernsehserie *Mad Men* stiehlt Don Draper im Koreakrieg die Identität eines toten Kameraden und baut sich darauf ein neues Leben auf. Allerdings ist es anstrengend, eine Identität aufrechtzuerhalten, die nicht die eigene ist. Die Lüge erfordert einer ständigen Wartung, gerade weil sie sich nicht auf die Wirklichkeit stützt. Zur Aufrechterhaltung erfordert sie eine Masse neuer Lügen. Sein Leben auf Basis eines intrikaten Netzes aus Lügen zu führen, wie Don Draper es tut, erscheint wie eine kaum aushaltbare Last. Ein Beispiel aus der Wirklichkeit ist der Franzose Jean-Claude Romand, das mit einer kleinen Lüge über eine bestandene Prüfung anfing und sich innerhalb der folgenden 18 Jahre zu einem umfassenden Betrug entwickelte, wobei Romand Familie und Freunden erzählte, er habe sein Medizinstudium abgeschlossen und arbeite als Forscher bei der Weltgesundheitsorganisation.[93] Er tat so, als würde er jeden Tag zur Arbeit gehen, wanderte die meiste Zeit jedoch nur durch die Gegend. Ab und an gab er vor, auf Geschäftsreise zu sein, fuhr jedoch nur in ein Hotel beim nächstgelegenen Flughafen und hielt sich einige Tage dort auf, bevor er nach Hause zurückkehrte. Um das Ganze finanziell am Laufen zu halten, gab er unter anderem vor, er würde Verwandten dabei helfen, ihr Geld zu investieren, verwendete selbiges jedoch zum Bestreiten des eigenen Lebensunterhalts. Eine Geliebte hatte er auch.

Als er fürchtete, entlarvt zu werden, erschlug er am 9. Januar 1993 seine Frau mit einem Nudelholz und schoss den Kindern während des Schlafs in den Kopf. Anschließend fuhr er zu seinen Eltern und erschoss sie sowie ihren Hund. Zudem unternahm er einen missglückten Versuch, die Geliebte mit einem Kabel zu strangulieren und ihr Tränengas ins Gesicht zu sprühen. Das Ganze endete mit einem milde ausgedrückt halbherzigen Selbstmordversuch. Nach 26 Jahren Gefängnis kam er 2019 auf freien Fuß.

Für denjenigen, der lügt und ständig neue Lügen erzählen muss, um die vorhergehenden nicht aufzudecken, kann die Investition in die Lüge nach und nach so groß werden, dass der Preis ihrer Entlarvung vollkommen unerschwinglich erscheint. Was bleibt von der sozialen Identität solcher Lügner, wenn der Schleier der Lüge weggezogen wird? Sie haben noch immer ihre private Identität, die sie nicht mit anderen geteilt haben, ihre soziale Identität ist jedoch dem Erdboden gleichgemacht. Ein wesentliches Problem am Dasein als Lügner liegt darin, nicht nur mit diesen beiden Identitäten leben zu müssen, sondern sie strikt voneinander trennen zu müssen, da sie eigentlich nicht koexistieren können.

Wir alle haben eine private Identität, die nicht restlos in der öffentlichen aufgeht. Das gilt selbst für Menschen, die sich scheinbar kaum zügeln, wenn sie sich in sozialen Medien mitteilen. Für die meisten von uns ist es zwar unangenehm, wenn etwas, das der privaten Identität vorbehalten war, entlarvt und ins Öffentliche transportiert wird, doch es vernichtet die soziale Identität nicht vollständig, wie das bei Draper und Romand der Fall wäre. Vielleicht wäre es eine Schramme im sozialen Lack, jedoch wäre es nicht unmöglich, es anderen gegenüber in eine generelle Rechtfertigung der Person einzupassen, die man ist. Ein entscheidendes Element von Freundschaft besteht gerade darin, einem anderen Menschen Zugang zur privaten Identität zu gewähren, die der Öffentlichkeit nicht zuteilwird. Weil der komplette Lügner die private Identität vollständig verbergen muss, kann er keine Freunde haben. Wenn Mitmenschen glauben, sie seien seine Freunde, ist dies eine Illusion.

Die Narrative, die wir über uns selbst erschaffen, sind dynamisch, und ich werde heute als 50-Jähriger eine andere Erzählung darüber darbieten, wer ich mit 20 war, als ich es im Alter von 30 Jahren getan hätte. Mein 20-jähriges Ich sieht mit dem Blick des 50-Jährigen anders aus als mit dem des 30-Jährigen. Grundlegende Fakten, wie was ich studiert habe, wer meine Freundin war und wo ich gewohnt habe, blieben dieselben, aber ich hätte unterschiedliche Ereignisse als einschneidend empfunden und zwischen den Geschehnissen andere Verbindungen gezogen. Die Erzählungen des 50-Jährigen und des 30-Jährigen sind nicht gleich, aber keine davon ist eine Lüge. Ein Freund könnte mich korrigieren und darauf hinweisen, dass ich in meiner Erzählung etwas Wesentliches ausgelassen oder übertrieben hätte, aber er hätte die Erzählung als Erzählung über mich wiedererkannt. Die Aufgabe eines Freundes besteht unter anderem darin, uns zu korrigieren, wenn unsere Erzählungen den Halt in der Wirklichkeit verlieren.

Wie verhält es sich mit einem Freund, der an seine eigenen Lügen glaubt, der zum Beispiel den Kontakt zu seinen Kindern verloren hat und darüber klagt, wie ungerecht dies sei, da er für diese Kinder immer ein so ausgezeichneter Vater gewesen sei und ihre Bedürfnisse allem anderen vorangestellt habe? Nun hat er sich dies so oft selbst erzählt, dass er daran glaubt. Sie als sein Freund wissen jedoch, dass das nicht stimmt. Zwar hat er die Kinder nicht misshandelt, aber definitiv hat er sich selbst und die Karriere vor alles andere gestellt, auch vor die Familie, zudem war er so wenig anwesend, dass ihn die Kinder kaum kennengelernt haben. So ist es in allen Bereichen: Entwickelt sich etwas nicht nach seinen Vorstellungen, dann ist es immer ein Unrecht oder der Fehler eines anderen – er selbst hat nie versagt, er selbst trägt nie die Verantwortung dafür, dass es so gekommen ist, wie es gekommen ist. Für einen nüchternen Blick von außen ist es leicht festzustellen, dass vor allem er selbst für das in die Verantwortung zu ziehen ist, was schiefgegangen ist. Eigentlich können Sie ihn nicht dafür tadeln, dass er Sie anlügt, da er selbst wirklich an das glaubt, was er erzählt, aber dennoch ist er eine Art Lügner, weil er sich selbst belügt.

Ich wäre skeptisch, eine Freundschaft mit einer solchen Person aufrechtzuerhalten. Nicht, weil sie mit den Normen der Freundschaft bricht, denn faktisch belügt sie nicht mich, obwohl das, was sie sagt, unwahr ist, allerdings würde ich sie als äußerst unzuverlässig betrachten, weil sie sich selbst so überzeugend belügt. Wenn sie, alles in allem, sich selbst nicht vertrauen kann, ist es für mich ungeheuer schwer, ihr zu vertrauen. Will ich ein guter Freund sein, müsste ich versuchen, ihr Selbstverständnis nach und nach zu korrigieren und sie dazu zu bringen, Verantwortung für ihr Leben zu übernehmen. Es ist eine entscheidende Verpflichtung von Freunden, uns Wahrheiten über uns selbst zu erzählen, auch die unangenehmen. Wie La Rochefoucauld betont: »Wirkliche Freundschaft ist nicht dann erreicht, wenn wir einen Freund unsere Fehler sehen lassen, sondern wenn wir ihm seine aufzeigen.«[94] Nehmen wir an, Sie sind in einem Geschäft, um sich einen großen Spiegel zu kaufen, der Sie in Gänze zeigt. Sie haben die Wahl zwischen zwei Modellen. Der eine Spiegel zeigt Sie so, wie Sie de facto für andere aussehen. Der andere Spiegel ist fortschrittlicher und macht ein Foto von Ihnen, das in ein Bildbearbeitungsprogramm eingespeist wird, das alle Falten glättet, ein paar Kilo entfernt oder an den richtigen Stellen draufpackt, zudem werden unzählige kleine Veränderungen vorgenommen, sodass Sie auf einem Bildschirm als die allerschönste Version ihrer selbst erscheinen. Welchen Spiegel hätten Sie am liebsten zu Hause an der Wand? Würden Sie sich lieber in dem fortschrittlichen oder in dem realistischen Spiegel sehen, bevor Sie aus der Haustür gehen, um der Welt zu begegnen? Das gleiche gilt für die eigenen Freunde. Wünschen wir uns Freunde, die uns immer das erzählen, was am angenehmsten ist zu hören, oder Freunde, die uns sagen, wie es wirklich um uns bestellt ist? Wenn Sie den ersten Fall der angenehmen Illusion wählen, entscheiden Sie sich für eine Abkopplung von der Wirklichkeit.

Der amerikanische Philosoph Robert Nozick hat ein philosophisches Gedankenexperiment über das formuliert, was er eine Erlebnismaschine nennt, die so funktioniert, dass man sich für den Rest des Lebens an sie anschließen lassen kann und dann all das erlebt, was man sich wünscht.[95] Jeder Einzelne von uns könnte dann erleben, wie es wäre, eine fantastische Familie zu haben, die nie Probleme bereitet, von unglaublich tollen Freunden umgeben zu sein, im Tennis Wimbledon und im Fußball die Champions League zu gewinnen, allerlei politische Probleme zu lösen, sodass Armut und Umweltverschmutzung nur noch der Sagenwelt angehören, epochemachende philosophische Werke zu verfassen und dafür einen ganzen Berg an Nobelpreisen zu erhalten. All das ist selbstverständlich eine einzige große Illusion, *das Gefühl* des Wohlbefindens jedoch wäre höchst real. Die Frage lautet also: Würden Sie sich an eine solche Maschine anschließen lassen? Wenn das einzige relevante Kriterium das Wohlbefinden ist, wäre es irrational, sich nicht anschließen zu lassen. Alles würde vollkommen real erscheinen und Sie wären unermesslich zufrieden mit sich selbst. Zufriedener könnten Sie in der Tat nicht sein. Wenn Sie sich indessen nicht anschließen lassen wollen, haben Sie dadurch auch beschlossen, dass es Wichtigeres als das Gefühl von Wohlbefinden gibt, dass reale Beziehungen und Leistungen einen Wert haben, der den illusorischen übersteigt. Eine große Mehrheit beantwortet die Frage damit, dass sie sich nicht an eine solche Maschine anschließen lassen würden.

Wie wir gesehen haben, tendieren wir stark dazu, eigene Illusionen über unser Leben zu erschaffen, sodass unsere Auffassungen über uns selbst mehr und mehr von der Wirklichkeit losgerissen werden. Wir erschaffen unsere eigene Erlebnismaschine, weil es angenehmer ist, darin zu leben. In diesem Fall kann die Aufgabe eines Freundes darin bestehen, uns der Umarmung der Maschine zu entreißen und uns wieder in Kontakt mit der Wirklichkeit zu bringen. Dafür sollten wir dankbar sein, was jedoch keineswegs immer der Fall ist. La Rochefoucauld schreibt: »Wenige Menschen sind schlau genug, eine nützliche Rüge einer Lobpreisung, die sie nur hinters Licht führt, vorzuziehen.«[96] Wir sollten so schlau sein, auch wenn es mitunter wehtut zu hören, dass wir versagt haben. Es ist gut, ehrliche Menschen im Leben zu haben. Wie kann man wissen, dass sie ehrlich sind?

Sicher kann man nie *sein*, aber man kann sich sicher *fühlen*. Ein Grund für ein solches Gefühl von Sicherheit ist, dass sie sich mit der Zeit als ehrlich erwiesen haben und zum Beispiel in Situationen die Wahrheit gesagt haben, in denen es leichter gewesen wäre zu lügen. Umgeben von ehrlichen Menschen weiß man, dass sie einem sagen werden, wenn man im Leben einen Fehltritt begangen oder etwas getan hat, das den Anforderungen nicht gerecht wird, wenn man kurz gesagt sich selbst oder anderen gegenüber versagt hat. Dann kann man auch darauf vertrauen, dass sie aufrichtig sind, wenn sie ein Lob aussprechen. Bei dem Versuch, sich im eigenen Dasein zu orientieren, können sie als Markierungsbojen fungieren.

Als Freund ist man verpflichtet, wahrhaftig zu sein, nicht nur, weil dies generell gut wäre, sondern auch, weil die Freundschaft als solche eine bestimmte Aufrichtigkeit erfordert. Als Freund hat man die Aufgabe, etwas zu sagen, wenn man der Meinung ist, die eigenen Freunde würden schlechte Entscheidungen treffen oder schlechte Gewohnheiten entwickeln. Was nicht heißt, dass man Freunden unaufhörlich die eigenen Präferenzen aufdrängen soll, denn dann wird man zum unerträglichen Besserwisser, mit dem kaum jemand befreundet sein will. Jedoch versagt man als Freund, wenn man vorbehaltlos alles bejaht, was die Freunde tun. Wir brauchen Freunde, weil wir einen kritischen Blick auf uns selbst benötigen, von jemandem, der uns Gutes will und der uns kennt. Damit eine Freundschaft echt ist, muss sie ganz grundlegend auf gegenseitigem Wohlwollen basieren. Es gibt zahlreiche zynische Ansichten von Freundschaft, von Morrisseys »We hate it when our friends become successful« bis zu Gore Vidals »Whenever a friend succeeds, a little something in me dies«. Ist das der Fall, dann scheitern diese Freundschaften. Wenn ein wirklicher Freund uns kritisiert, wissen wir, dass die Kritik gut gemeint ist. Das kann wehtun und man ist damit womöglich nicht unbedingt einverstanden, jedoch sollte man die Kritik ernst nehmen. Akzeptiert man von Freunden nur Hurrarufe, dann hat man keine Freunde.

Und sollten Sie ein notorischer Lügenbold sein, können Sie nicht damit rechnen, viele Freunde zu bekommen. Platon schreibt:

> »Der Wahrheit kommt nun unter allen Gütern die oberste Stelle zu, bei Göttern ebenso wie bei Menschen. Ihrer muß, wer ein gesegnetes und glückliches Dasein führen will, von vornherein teilhaftig sein, um so lange als möglich in ihrem Dienste zu leben. Denn auf der Wahrheit beruht die Zuverlässigkeit. Die Unzuverlässigkeit dagegen steht im Bunde mit der vorsätzlichen Unwahrheit; was aber die unvorsätzliche Unwahrheit anlangt, so ist sie Unvernunft. Keine dieser beiden Arten von Unwahrheit ist beneidenswert. Denn freudlos bleibt jeder, der unzuverlässig und unwis-

> send ist, und es wird nicht ausbleiben, daß er im Verlaufe der Zeit als solcher anerkannt wird, was für ihn zur Folge hat, daß das an sich schon beschwerliche Alter für ihn noch schwerer wird durch die völlige Vereinsamung am Ende seines Lebens. Denn ob nun Bekannte und Kinder von ihm noch am Leben sind oder nicht, das macht dann für ihn kaum einen Unterschied: sein Leben ist verwaist.«[97]

Der Betonung Platons, dass der Lügner vereinsamt, haftet etwas Richtiges an. Zum einen neigen Menschen dazu, andere Personen zu meiden, wenn sie merken, dass diese lügen – wir ziehen es vor, uns mit Menschen zu umgeben, von denen wir glauben, dass wir ihnen vertrauen können, und einem Lügner kann man nicht vertrauen. Zum anderen grenzt sich derjenige, der lügt, von anderen Menschen ab, weil er sein Inneres vor ihnen verborgen halten muss.

Die Politik der Lüge

Wenn ich Lüge und Politik diskutiere, geht es mir in erster Linie nicht darum, den Umfang politischer Lügen aufzuzeigen, sondern vielmehr um die normative Frage, inwieweit und gegebenenfalls wann es akzeptabel ist, in der Politik zu lügen.

Der ehemalige norwegische Ministerpräsident Per Borten verkündete vom Rednerpult des Parlaments, ein Ministerpräsident habe nicht nur das Recht, sondern die Pflicht, gelegentlich zu lügen. Man könnte den Eindruck gewinnen, dass Lügen in der Politik notwendig sei, ohne dass es aber für Politiker eine eigene Ethik mit gesonderten Regeln gibt. Die Konsequenzen politischer Entscheidungen können weitaus schwerer wiegen als Entscheidungen, die wir als Privatpersonen treffen, daher müsste häufiger abgewogen werden, ob eine Lüge im jeweiligen Kontext zu verantworten ist.

In Bezug auf den Stellenwert der Lüge in der Politik kann man zwischen drei normativen Sichtweisen unterscheiden:

(1) Die Lüge hat nirgendwo einen legitimen Platz, auch nicht in der Politik.

> (2) Obwohl Wahrhaftigkeit vorzuziehen ist, sollte man zur Lüge greifen, wenn die Konsequenzen entweder für sich oder für den Staat lohnend sind.
>
> (3) Es ist falsch zu lügen, dennoch ist es in der Politik manchmal notwendig.

Der bekannteste Vertreter der ersten Sichtweise ist Kant. Machiavelli ist zweifellos Wegbereiter der zweiten Auffassung. Ebenso kann Platon als Vertreter einer solchen Sicht betrachtet werden, wobei für ihn jedoch ausschlaggebend stets die Rücksicht auf den Staat und das gemeinschaftlich Beste ist, während Machiavelli weitaus mehr eigennützige Aspekte zugrunde legt. Ein Befürworter der dritten Sichtweise ist der deutsche Soziologe Max Weber.

Kant wurde bereits vorab ausführlich behandelt, weshalb seine Argumente an dieser Stelle nicht wiederholt werden müssen. Sein Totalverbot der Lüge hat dieselbe Gültigkeit für einen aktiven Politiker wie für einen gewöhnlichen Bürger, und obwohl in politischen Fragen mehr auf dem Spiel stehen kann, hat dies keine Relevanz für seine ethische Analyse, in der die *Art* der Handlung ausschlaggebend ist und nicht die Konsequenzen.

Philosophische Darstellungen über die Rolle der Lüge im politischen Leben verweisen gern auf Platons *Der Staat* als den Text, in dem dies erstmals thematisiert wurde. Platon befürwortet darin, dass es richtig sei, den Bürgern etwas Unwahres über die Entstehung der sozialen Klassen im Staat zu erzählen, da dies die Bürger dazu brächte, »eifriger für die Stadt und füreinander Sorge zu tragen«.[98] Es ist sehr umstritten, wie der griechische Ausdruck *gennaion pseudos* in Platons Text übersetzt werden soll. Die üblichsten Varianten sind »edle Lüge«, »edler Mythos«, »edle Fiktion« oder »edle Unwahrheit«. In Otto Apelts deutscher Übersetzung heißt es: »Welche Möglichkeit gäbe es nun wohl, eine Unwahrheit von jener unentbehrlichen Art, von der wir oben sprachen, also eine einzelne, durchaus wohlgemeinte Lüge am liebsten den Regierenden selbst, wo nicht doch den übrigen Bürgern glaubhaft zu machen?«[99] Es überrascht ein wenig, dass Platon dies schreibt, zumal er sonst Wahrhaftigkeit durchaus stark gewichtet. Platon scheint die Lüge nicht so sehr zu verteidigen wie den Lügner. Ihm zufolge gibt es Menschen, die im Besitz solcher Weisheit sind, dass sie beurteilen können, wann sie berechtigt sind, denen eine Lüge zu erzählen, die weniger weise sind. Er schreibt: »Ferner muß man auch die Wahrheit hochachten. Ist nämlich die Behauptung richtig, die wir soeben aufgestellt haben, und ist wirklich die Lüge für die Götter unnütz, für die Menschen aber als Heilmittel nützlich, so ist es klar, daß man dergleichen den Ärzten anheimgeben muß, Laien aber es nicht berühren lassen darf.«[100] In der Welt der Ideale ist kein Raum für Lügen, in der konkreten Wirklichkeit aber, in der nicht alle Menschen reine Verkörperungen der höchsten Ideale sind, kann richtig dosierte Lüge wie ein »Heilmittel« fungieren, um die Menschen dazu zu bringen, sich so zu verhalten, wie sie es sollen. Indessen sind nur die Weisesten in der Lage zu beurteilen, wann und wie gelogen werden sollte: »Wenn also irgend jemandem, so kommt es der Regierung des Gemeinwesens zu, der Feinde oder der Bürger wegen zu lügen zum Vorteil des Gemeinwesens, die andern alle aber dürfen sich damit nicht befassen.«[101] Lügen, die von gewöhnlichen Bürgern vorgebracht werden, müssten hart niedergeschlagen werden.[102] Die Regierenden des Staates, und nur sie, dürfen Lügen erzählen.

Weiterhin muss unterstrichen werden, dass sich Platons Verteidigung der politischen Lügen nicht darauf beschränkt, dass sich die Regierenden einer großen Lüge über die Entstehung des Staates bedienen können. Sie dürfen vielmehr hinsichtlich vieler nützlich erscheinender Dinge lügen, wie zur Verteidigung dessen, dass der Staat streng kontrolliert, wer mit wem Kinder bekommen darf, um Kinder von bestmöglicher »Qualität« zu zeugen. »Es scheint uns, daß die Regierenden viel Lug und Betrug werden anwenden müssen zum Besten der Regierten; denn wir haben ja gesagt, daß als Heilmittel alles Derartige nützlich sei.«[103] Der Gedanke scheint zu sein, dass die weisen Regierenden des Staates die Wahrheit kennen und ihre Seelen daher nicht durch die Lügen verseucht werden, die sie mit dem Mund aussprechen. Kraft ihrer Weisheit werden sie auch einschätzen können, wann es richtig ist, die »Menge«, die die Wahrheit nicht kennt, mit der richtigen Dosis Lüge als Heilmittel zu versorgen. Es scheint keine Einschränkungen dafür zu geben, wie viele Lügen Regierende ihrem Volk erzählen können, solange diese Lügen für den Staat und mithin für die Bürger nützlich sind. Es muss erneut betont werden, dass Platon die Lüge keineswegs in ihrer Allgemeinheit verteidigt, sondern beschreibt, dass es dem einfachen Lügner im Leben schlecht ergeht, wo er zur Einsamkeit verdammt ist.[104] Machiavelli seinerseits hat an politischen Lügen wenig auszusetzen. Er behauptet, prinzipiell sei es lobenswert, wahrhaftig zu sein, im politischen Leben aber müsse man immer darauf vorbereitet sein zu lügen und zu betrügen, wenn dies zum eigenen Vorteil ist.[105] Machiavelli zufolge werden sich die Menschen immer als schlecht erweisen, sofern sie nicht die Notwendigkeit dazu zwingt, tugendhaft zu sein.[106] Da sich ausnahmslos jeder Mensch langfristig als schlecht erweist, muss ebenso ein Fürst schlechte Mittel in Gebrauch nehmen, so er sie für dienlich erachtet. Weil die Menschen im Großen und Ganzen schlecht sind, würde Güte zur Selbstvernichtung führen. Sich Lug und Trug demjenigen gegenüber zu bedienen, der dies seinerseits tut, ist legitim, und da man ihm kurz gesagt nicht trauen kann, steht der Verwendung solcher Mittel auch nichts im Wege, wo man sie für opportun hält. Man kann nicht annehmen, dass andere ehrlich sind, also muss man ebenso wenig selbst ehrlich sein.

Auch Thomas Hobbes steht dem Gebrauch der Lüge in der Politik offen gegenüber. Laut Hobbes ist das wichtigste Steuerungswerkzeug des Staates die Angst. Kein Gefühl mache das Volk weniger geneigt, das Gesetz zu brechen als die Angst.[107] Der Staat drohe mit Strafe, und die Angst vor dieser Strafe sorge für eine friedliche Koexistenz der Bürger.[108] Hobbes' Grundgedanke liegt darin, dass Bürger eher bereit sind, sich unterzuordnen, wenn sie glauben, dies diene ihren Interessen. Der Staat müsse daher dafür sorgen, dass sie sich vor den richtigen Dingen ängstigen. Er müsse die Angst in zweckmäßiger Weise dirigieren, um die Bürger zu überzeugen, dass gewisse Dinge mehr als andere zu fürchten sind, da sie eben nicht ohne Weiteres das fürchten, was aus Perspektive des Staates zweckmäßig ist. Laut Hobbes könne es eine gewisse Inszenierung seitens des Staates erfordern, bestimmte Phänomene zu verstärken und andere zu verringern. So wird Lüge zum legitimen Steuerungswerkzeug. Die eigene Steuerungsgrundlage betreffend müsse der Staat indessen die Wahrheit sagen. Eine platonische, »noble« Lüge, die Grundlage für die Macht des Staates und die Rechte und Pflichten der Bürger betreffend, akzeptiert er also nicht. Diesbezüglich sei der Herrscher in der Pflicht, seinen Bürgern die Wahrheit zu sagen.[109] Hingegen sei es ihm aber freigestellt, hinsichtlich anderer, ihm dienlich erscheinender Dinge zu lügen. Auch akzeptiert Hobbes keine allgemeine Meinungsfreiheit oder eine akademische Freiheit, die dazu verwendet werden könnte, dem Herrscher zu widersprechen. Der Herrscher soll die vollkommene Möglichkeit haben, im Detail zu regulieren, was Schüler und Studierende lernen.[110] Für Hobbes wie für Platon sind Lügen durch die Rücksicht auf die Stabilität des Staates legitimiert. Hobbes behauptet, dass derjenige, der eine Philosophie lehre, die im Widerspruch zum Gesetz stehe, zu Recht bestraft werden könne, selbst wenn sich diese Philosophie faktisch als wahr erweist.[111] Demzufolge hat Politik Vorrang vor der Wahrheit. Gleichzeitig muss unterstrichen werden, dass es laut Hobbes' Formulierung so etwas wie Wahrheit gibt, unabhängig von politischen Interessen. In totalitären Regimen gibt es eine solche unabhängige Wahrheit nicht.

Max Weber beleuchtet die Frage aus einem anderen Winkel, indem er versucht, sich zwischen Moral- und Realpolitik zu positionieren, zwischen einer idealistischen Forderung nach moralisch hochwertigen Standards in der Politik und einer zynischen Haltung, die im Prinzip jedes Mittel zulässt, sofern es den eigenen Zielen dient. Weber schreibt:

> »Wir müssen uns klar machen, daß alles ethisch orientierte Handeln unter zwei voneinander

> grundverschiedenen, unaustragbar gegensätzlichen Maximen stehen kann: es kann ›gesinnungsethisch‹ oder ›verantwortungsethisch‹ orientiert sein. Nicht daß Gesinnungsethik mit Verantwortungslosigkeit und Verantwortungsethik mit Gesinnungslosigkeit identisch wäre. Davon ist natürlich keine Rede. Aber es ist ein abgrundtiefer Gegensatz, ob man unter der gesinnungsethischen Maxime handelt – religiös geredet –: ›der Christ tut recht und stellt den Erfolg Gott anheim‹, oder unter der verantwortungsethischen: daß man für die (voraussehbaren) Folgen seines Handelns aufzukommen hat.«[112]

Weber will sagen, dass die kantische Ethik in der Politik unverantwortlich ist, während die machiavellische unethisch ist. Kant ist wie erwähnt der vielleicht erste Vertreter einer gesinnungsethischen Sicht, in der die moralischen Pflichten eine so absolute Gültigkeit erhalten, dass es nicht erlaubt ist zu lügen, um das Leben eines anderen zu retten. Der Gesinnungsethiker kann immer sagen, er habe gemäß der Ethik gehandelt, die Umstände hätten jedoch zu einem unglücklichen Ergebnis geführt. Der Verantwortungsethiker betont, dass er auch die Konsequenzen der Handlungen in Betracht ziehen muss, dass er selbst zu einer Kausalkette beiträgt, wohlwissend, dass die Konsequenzen ernst sein können. Die Gesinnungsethik und die Verantwortungsethik sind keine absoluten Gegensätze, sondern ergänzen einander, und manchmal, so Weber, müsse die Gesinnungsethik aus Rücksicht auf die Verantwortung außer Kraft gesetzt werden. Nur leider gibt es keine Theorie, die uns mitteilt, wann genau es richtig wäre, gesinnungsethische Überlegungen beiseitezustellen. Weber schreibt:

> »Keine Ethik der Welt kommt um die Tatsache herum, daß die Erreichung ›guter‹ Zwecke in zahlreichen Fällen daran gebunden ist, daß man sittlich bedenkliche oder mindestens gefährliche Mittel und die Möglichkeit oder auch die Wahrscheinlichkeit übler Nebenerfolge mit in den Kauf nimmt, und keine Ethik der Welt kann ergeben: wann und in welchem Umfang der ethisch gute Zweck die ethisch gefährlichen Mittel und Nebenerfolge ›heiligt‹.«[113]

Gilt es, dies zu entscheiden, muss man zwangsläufig vom eigenen Urteilsvermögen Gebrauch machen, da es keine ethische Theorie gibt, die genau sagen kann, wann die Rücksicht auf Konsequenzen die ansonsten geltenden Moralregeln überwiegen sollte. Eine solche webersche Sicht kann auch als »schwacher Konsequentialismus«[114] bezeichnet werden. Wo eine gewöhnliche konsequentialistische Position besagt, dass man immer so handeln soll, dass man die bestmöglichen Konsequenzen erreicht, besagt der schwache

Konsequentialismus, dass man normalerweise der Gesinnungsethik folgen soll, es jedoch Fälle geben kann, die mögliche Konsequenzen so inakzeptabel erscheinen lassen, dass die Rücksicht auf den Nutzen höher bemessen werden muss.

Weber thematisiert explizit den Wahrheitsanspruch und schreibt sarkastisch über die gesinnungsethische Sichtweise diesbezüglich:

> »Die Wahrheitspflicht. Sie ist für die absolute Ethik unbedingt. Also, hat man gefolgert: Publikation aller, vor allem der das eigne Land belastenden Dokumente und auf Grund dieser einseitigen Publikation: Schuldbekenntnis, einseitig, bedingungslos, ohne Rücksicht auf die Folgen. Der Politiker wird finden, daß im Erfolg dadurch die Wahrheit nicht gefördert, sondern durch Mißbrauch und Entfesselung von Leidenschaft sicher verdunkelt wird; daß nur eine allseitige planmäßige Feststellung durch Unparteiische Frucht bringen könnte, jedes andere Vorgehen für die Nation, die derartig verfährt, Folgen haben kann, die in Jahrzehnten nicht wieder gut zu machen sind. Aber nach ›Folgen‹ fragt eben die absolute Ethik nicht.«[115]

Weber betont, dass die Welt der Politik schmutzig sei, und wer in einer solchen Welt verantwortlich auftreten wolle, müsse bereit sein, sich die Hände schmutzig zu machen. Das ethische Paradox »schmutziger Hände« liegt darin, manchmal etwas Falsches tun zu müssen, um etwas richtig zu machen. Wahrheit und Lüge betreffend folgt daraus, dass es falsch ist zu lügen, die politischen Umstände es mitunter jedoch erforderlich machen, dass man es trotzdem tun muss. Nun lautet die Frage: Wann kann oder muss man lügen? Die kurze Antwort: so selten wie möglich und nur dann, wenn die Konsequenzen des Wahrhaftig-Seins für die Nation äußerst nachteilig wären.

Ein guter Politiker wird kaum vermeiden können, schmutzige Hände zu bekommen. Ein konsequenter Kantianer, der immer dem kategorischen Imperativ gemäß handelt, wird sich zu oft selbst der Mittel berauben, die erforderlich sind, um Ziele zu erreichen, die von großer politischer Bedeutung sind. Wer sich nicht vorstellen kann, einige moralische Regeln zu brechen, sollte sich kaum in die Politik auf hoher Ebene begeben. Ein Zugeständnis an das politische Leben ist gerade die Gewissheit, dass es Situationen geben wird, in denen man unmoralisch handeln muss, weil es das Richtige ist. Der moralische Politiker ist für Weber derjenige, der das Unmoralische tut und dies als Belastung empfindet. Es ist nicht so, als würde dieser Politiker eine Doppelmoral besitzen, weil er die Moral auch für sich selbst als verpflichtend anerkennt, sich aus gewichtigen Gründen aber dennoch entscheidet, mit ihr zu brechen. Er ist eine etwas tragische Gestalt. Er weiß, dass es falsch ist zu lügen, er erkennt es an, empfindet ein großes Unbehagen, wenn er es tut, weiß aber, dass es dennoch erforderlich ist, um die von ihm übernommene Aufgabe zu erfüllen. In speziellen Situationen, etwa wenn sich ein Staat über einen längeren Zeitraum in einer ernsthaften Bedrohungslage befindet, muss er sich die Hände womöglich häufiger schmutzig machen, sollte dies aber so oft wie möglich vermeiden und für ernste Fälle reservieren.

Eine webersche Verantwortungsethik könnte niemals Lügen verteidigen, die in erster Linie aus Rücksicht auf sich selbst erzählt werden. Tatsächlich liegt aber häufig die Rücksicht auf den Politiker selbst zugrunde und wird mit dem Hinweis auf nationale Interessen verteidigt. Man lügt dann, um öffentlichen Widerstand zu vermeiden, die Macht zu behalten oder den Interessen einer Partei zu dienen, mit der man sympathisiert. Geheimhaltung, die mit Rücksicht auf die Sicherheit des Landes begründet wird, verfolgt keineswegs immer den Zweck, den Feind, sondern vielmehr die eigene Bevölkerung daran zu hindern, an Informationen zu gelangen. Als man versuchte, die sogenannten *Pentagon-Papiere* geheim zu halten, geschah dies nicht, um zu verhindern, dass die Vietcong Einblick in die amerikanische Kriegsführung in Vietnam erlangten, denn darüber waren sie bereits ausgezeichnet informiert, sondern vielmehr, um zu vermeiden, dass die amerikanische Bevölkerung diese Information erhielt, da dies die Unterstützung für den Krieg hätte schwächen können. Ziel der Geheimhaltung war also, das Vorgehen demokratischer Kontrolle zu entziehen, das in höchstem Maße Gegenstand einer solchen Kontrolle hätte sein sollen. Die Lügen der Nixon-Regierung hätten Webers Forderung nach einer akzeptablen Verantwortungspolitik keineswegs erfüllt.

Alle bisher betrachteten Denker schrieben innerhalb eines Horizonts, der ganz spezifische politische Lügen kennt, in dem man lügt, um eine bestimmte Handlungsweise zu begründen – wie in den Krieg zu ziehen – oder etwas Bestimmtes zu verbergen, das für das Regime ungünstig sein könnte. Hannah Arendt war der Meinung, in der Moderne einen neuen Typ Lüge auszumachen, den sie besonders im Nationalsozialismus und Kommunismus veranschaulicht fand. Näher bestimmt handelt es sich um eine Form der Lüge, die nicht nur versucht, einzelne Wahrheiten zu verdecken, sondern vielmehr die Trennung zwischen Wahrheit und Unwahrheit als solche aufzuheben: »Die Lügen totalitärer Bewegungen, für den Anlass erfunden, ebenso wie die von totalitären Regimen begangenen Fälschungen, sind der grundlegenden Einstellung untergeordnet, die die Trennung zwischen Wahrheit und Falschheit ausschließt.«[116] Arendt stützte sich unter anderem auf die Beobachtungen von Alexandre Koyré, der 1945 in einem Essay schrieb, dass der Mensch in einer totalitären Gesellschaft »in der Lüge badet, in der Lüge atmet, in jedem Augenblick seiner Existenz von der Lüge versklavt ist«.[117] Weiterhin hielt er fest, dass »das totalitäre Regime auf dem Primat der Lüge gründet«. Man könnte sagen, dass die totalitäre Lüge dadurch gekennzeichnet ist, vollkommen unbekümmert zu sein. Für den totalitären Gedanken haftet der Lüge nichts Bedenkliches an. Anstatt Doppelmoral findet sich die totale Abwesenheit von Moral.

Arendt unterstreicht: Dort, wo sich die traditionelle Lüge um Geheimhaltung drehte, betrifft die moderne Lüge etwas, das für jeden offensichtlich ist, indem die Geschichte unmittelbar vor den Augen derjenigen umgeschrieben wird, die sie selbst erlebt haben.[118] Es geht nicht darum, die Wirklichkeit zu verdecken, sondern darum, die Wirklichkeit zu zerstören, damit sie die Lüge nicht konfrontieren kann. Die traditionelle politische Lüge handelte davon, eine Debatte zu gewinnen oder auf Kosten der Wahrheit einzelne Fakten zu verdecken, während sich die moderne Lüge darum dreht, die Wirklichkeit an sich zu verdrängen.[119] Ihrer Ansicht nach waren die Konzentrationslager ein augenfälliges Beispiel dafür, wie das totalitäre Regime Regeln erschafft und eine Wirklichkeit konstruiert, die Wahrheit *wird*.[120] Eine Formulierung in einem anonymen Tagebuch, das in Auschwitz gefunden wurde, verleiht dem treffend Ausdruck: »Wir sind keine Menschen mehr, auch keine Tiere; wir sind nur ein seltsames psychophysisches, in Deutschland produziertes Produkt.«[121] Die

Dehumanisierungsprozesse in den Konzentrationslagern sollten zeigen, dass die Juden keine vollwertigen Menschen seien. Indem man zum Beispiel Häftlinge dazu brachte, in ihren eigenen Ausscheidungen zu waten – in Bergen-Belsen teilten sich 30 000 Frauen eine Latrine –, wurden sie scheinbar identisch mit den Ausscheidungen. Die Häftlinge wurden in eine Wirklichkeit gepresst, in der sie zu einer Bestätigung der Propaganda des Regimes wurden.

Der Totalitarismus veränderte den traditionellen Begriff von Wahrheit radikal hin zu einer Übereinstimmung von Gedanke und Wirklichkeit: Wir können die Wahrheit produzieren, wenn wir die Wirklichkeit produzieren können! Vielmehr als dass der Gedanke versucht, die Wirklichkeit zu erfassen, soll er eine Wirklichkeit erzeugen. Mit anderen Worten brauchen wir nicht zu »warten, dass die Wirklichkeit sich entlarvt und uns ihr wahres Gesicht zeigt, sondern können stattdessen eine Wirklichkeit erzeugen, deren Strukturen uns von Beginn an bekannt sein werden, weil das Ganze unser eigenes Produkt ist«.[122] Der moderne Lügner ist in erster Linie kein Denker, sondern ein *Schöpfer*, einer, der Handlungen vollzieht, damit die Politik wahr *wird,* auch wenn sie noch nicht wahr *ist*.

Wenn man »die Wirklichkeit« in einer solchen Weise kontrollieren kann, dann kann man auch diejenigen kontrollieren, die in dieser Wirklichkeit leben. Arendt schreibt:

> »Was es einem totalitären Regime möglich macht zu herrschen, ist, dass die Leute nicht informiert sind. Wie kann man eine Meinung haben, wenn man nicht informiert ist? Wenn einen alle immer anlügen, ist die Folge nicht, dass man an die Lügen glaubt, sondern vielmehr, dass niemand überhaupt etwas glaubt. Das ist der Fall, weil Lügen, in ihrem Wesen, verändert werden müssen, und eine verlogene Regierung muss die eigene Geschichte ununterbrochen umschreiben. Als Empfänger erhält man nicht nur eine Lüge – eine Lüge, der gegenüber man sich den Rest seiner Tage verhalten könnte –, sondern eine große Anzahl von Lügen, abhängig von der Richtung, in die der politische Wind weht. Und ein Volk, dass nicht mehr an etwas glauben kann, kann sich keine Meinungen bilden. Es wird nicht nur seiner Handlungsfähigkeit beraubt, sondern auch seiner Fähigkeit zu denken und zu beurteilen. Und mit einem solchen Volk kann man machen, was man will.«[123]

Nun ist eine Gesellschaft, in der »alle immer lügen« nicht vorstellbar, was Arendt mit ihrer Übertreibung jedoch herausstellt, ist, dass die Lüge in einer Gesellschaft so umfassend werden kann, dass alles unzuverlässig wird. Man verliert die Verankerung in der Wirklichkeit.

Der Totalitarismus demontiert den sozialen Raum und dadurch auch die Trennung zwischen dem Privaten und dem Öffentlichen. Arendt beschreibt dies als eine organisierte Einsamkeit.[124] Im Hinblick auf Vertrauen und zwischenmenschliche Beziehungen gibt es nachweisbare Unterschiede zwischen Demokratien und totalitären oder autoritären Gesellschaften. Diesem Aspekt vorgegriffen hatte im Übrigen bereits Aristoteles, der darauf hinwies, dass Freundschaft nur in geringem Maße in Tyranneien und in höherem Maße in Demokratien existiere.[125] Ist die Gesellschaft derart von Lüge durchdrungen, wird es fast unmöglich, das Vertrauen auf etwas zu richten. Um als Staatsbürger zu funktionieren, bedarf es einer Beziehung zu »vertrauensvollen und zuverlässigen Ebenbürtigen«.[126] In totalitären Gesellschaften werden alle gezwungen zu lügen – die Anführer müssen das Volk belügen, wenn sie die Macht behalten wollen, und die Bürger müssen dahingehend lügen, dass sie an die Lügen glauben. Eine Meinung, die von dem abweicht, was die politische Führung vermittelt, egal, ob es sich um Fakten oder Werte handelt, ist nicht nur eine *andere* Meinung, sondern eine *falsche* und *gefährliche* Meinung, die droht, das gesamte gesellschaftliche Konstrukt zu untergraben. Man kann sagen, dass die Gesellschaft als Gesamtheit zu einer einzigen großen Echokammer gemacht wird. Diejenigen, die abweichenden Meinungen Ausdruck verleihen, müssen mit Gefängnis, Zwangseinweisung in psychiatrische Einrichtungen, Strafarbeit oder dem Tod bestraft werden. So demonstriert man dem Rest der Bevölkerung, dass es nur eine »Wahrheit« gibt und dass es am schlauesten ist, sich dieser anzuschließen, wenn man nicht als Lügner oder Volksfeind betrachtet werden will. Um ein Teil der Gemeinschaft zu sein, muss man dahingehend lügen, dass man an die Lügen glaubt. Das gleiche Phänomen kann in geringerem Ausmaß in Kulten beobachtet werden, obwohl die Strafe für Abweichler sich dort normalerweise eher auf Ausgrenzung oder Rauswurf beschränkt.

Ein verwandtes Phänomen kann im Übrigen im öffentlichen Raum einer liberalen Demokratie beobachtet werden, in dem viele etwas anderem Ausdruck verleihen als dem, was sie meinen, um schlicht und einfach mehr gemocht zu werden. Der soziale Druck hat zweifellos positive Seiten, indem er das Verhalten der Bürger reguliert, er kann aber auch eine gesellschaftliche Kraft sein, die konforme Lügner produziert. Um Teil der sozialen Gemeinschaft zu sein, verleihen Menschen in der Öffentlichkeit anderen Auffassungen Ausdruck, als sie tatsächlich besitzen, weil sie glauben, dadurch sozial eher akzeptiert zu werden. Das Phänomen ist wohlbekannt, wenn beispielsweise Jugendliche vorgeben, einen Künstler zu mögen, nur weil Freunde oder Klassenkameraden dies tun, während sie in Wirklichkeit eine ganz andere Musik bevorzugen. Spielt sich diese Dynamik eher im Bereich der Politik als in der Ästhetik ab, wird es ernster. Um soziale Akzeptanz zu erlangen, werden sich viele nach außen den verbreiteten Auffassungen anschließen, was jedoch den Eindruck vermittelt, die dominierende Meinung herrsche ausschließlicher, als es der Fall ist, was wiederum weniger Raum für abweichende Ansichten lässt.

Die Demokratie bedarf der Friktion. Eine entscheidende Verpflichtung für die liberale Demokratie besteht in der Förderung des Gesprächs im öffentlichen Raum, und dieses Gespräch gelingt nicht dann am besten, wenn es besonders leicht gleitet. Für die Demokratie ist es nie gut, wenn sich zu viele Menschen über zu Vieles zu einig sind. Gruppendynamiken dieser Art tendieren dazu, selbstverstärkend zu wirken. So wird der Raum für das, was als legitime Überzeugung und Äußerung aufgefasst wird, immer enger. Grundlegende Rechte und der Rechtsstaat sind in einer liberalen Demokratie die wichtigsten Werkzeuge, die den Menschen Raum für Gedankenfreiheit sichern, jedoch kann ein Rechtsstaat gegenüber dem sozialen Druck den Kürzeren ziehen. Die Zivilgesellschaft und ihre unterschiedlichen Gruppierungen überwachen und regulieren sich selbst. Deshalb muss jeder Einzelne als Mitglied der Zivilgesellschaft dazu beitragen, die Reinheitsspirale zu durchbrechen, indem er andere Auffassungen einbringt, sollte er diese haben. Man ist verpflichtet, sowohl sich selbst als auch anderen die Wahrheit zu sagen. Nur »Ja und Amen« zu allem zu sagen, ist ein typisches Beispiel für selbstverschuldete Unmündigkeit. Schließlich wird man so dazu beitragen, den sozialen Druck zu festigen, der auch andere dazu bringt, zu allem »Ja und Amen« zu sagen. Diese Form der Lüge kann harmlos erscheinen, ist für die liberale Demokratie aber zweifellos schädlich.

Harry Frankfurt zufolge verfügt die Demokratie über eine besonders große Fähigkeit, Bullshit zu produzieren, denn »in einer Demokratie [ist] der Bürger verpflichtet, Meinungen zu allen erdenklichen Themen zu entwickeln oder zumindest zu all jenen Fragen, die für die öffentlichen Angelegenheiten von Bedeutung sind«.[127] Hier stimme ich Frankfurt nicht zu. Zumindest bin ich der Meinung, es ist schlimmer, wenn die Regierung eines Landes Bullshit produziert, als der Rest der Bevölkerung. Totalitäre und autoritäre Regime stellen wesentlich schlimmere Bullshitproduzenten dar als Demokratien. Der Vorteil einer Demokratie liegt darin, dass sich die Regierenden des Landes vor ihren Bürgern verantworten müssen, wobei ihre Behauptungen sie oft genug heimsuchen. Ein Diktator hingegen braucht sich nicht vor dem Volk zu verantworten – außer, wenn es zu einer Revolution kommt – und kann stattdessen diktieren, was »wahr« ist.

Das einzige Gegengift zur Lüge ist Wahrheit. Die Wahrheit leistet der Politik Widerstand. Daher ist sie, wie Hannah Arendt schreibt »von Tyrannen gehasst, die zu Recht die Konkurrenz einer zwingenden Kraft fürchten, die sie nicht monopolisieren können«.[128] Die Wahrheit ist vor allem die Waffe der Schwachen.

Aber sie ist selten einfach, und kann zur Waffe des Starken werden, wie auch die Lüge zur Waffe des Schwachen werden kann. Der Staatsapparat verfügt beispielsweise über sehr große Ressourcen, um unangenehme Wahrheiten über Oppositionelle aufzudecken, angesichts dessen muss sich ein Dissident mitunter der Lüge bedienen, um Geheimnisse im Verborgenen zu halten. Dabei kann es sich um Geheimnisse handeln, die aus politischer Sicht irrelevant sind und nur das Privatleben der Person betreffen, die sie aber dennoch diskreditieren würden. Beispiele hierfür können abweichende sexuelle Vorlieben oder Untreue sein in einer Kultur, die Derartiges nicht toleriert. Für den totalitären Staat spielt es im Grunde nicht einmal eine Rolle, ob wahr oder unwahr ist, wessen die Person beschuldigt wird, da man die gewünschten Wahrheiten selbst produzieren kann. Daher hat es für den Unterlegenen einen Wert, daran festzuhalten, dass es Wahrheit gibt, auch wenn diese Wahrheit für ihn selbst unangenehm sein kann.

Ein Vorteil des realistischen Wahrheitsbegriffs liegt darin, dass die Wirklichkeit selbst gewisse Arten, über sie zu sprechen, rechtfertigt und anderen widerspricht. Wir dürfen also mit Recht an bestimmten, für wahr befundenen Auffassungen festhalten, ungeachtet der Macht, die jemand mit einer gegenteiligen Meinung haben mag, egal, ob es sich dabei um einen Diktator oder eine demokratische Mehrheit handelt. Es gibt mit anderen Worten einen Standard für die

Beurteilung von Auffassungen, und dieser fügt sich keinem Machtgebrauch. Daher ist es für totalitäre Regime so wichtig, die genuine Wahrheitssuche zu unterdrücken. Ohne Wahrheit gibt es nur das Recht des Stärkeren.

Lüge in der modernen Politik

In der Geschichte der Politik herrscht kein Mangel an machiavellischen, hobbesianischen und weberschen Lügnern. Selbst der ehrlichste Politiker lügt ab und an. Amerikanische Präsidenten tun dies immer wieder besonders offenkundig.[129] Einzelne von ihnen waren wirklich bestrebt, wahrhaftig zu sein; das vielleicht eindeutigste Beispiel ist Jimmy Carter, der sich mit folgendem Versprechen an das Volk zur Wahl stellte: »I'll never tell a lie.« Carter, der nicht über die erste Amtsperiode hinauskam, versuchte zwar, sein Versprechen zu halten, was ihm zeitweise enorme Schwierigkeiten einbrachte, aber auch ihm gelang es nicht, das Lügen komplett zu vermeiden. Carters Pressesprecher Jody Powell verteidigte indes einen begrenzten Einsatz von Lügen: »Seit dem ersten Tag, an dem der erste Journalist die erste verzwickte Frage an einen Beamten stellte, gibt es die Diskussion darüber, inwieweit die Regierung ein Recht hat zu lügen. Das hat sie. Unter gewissen Umständen hat sie nicht nur ein Recht, sondern eine positive Verpflichtung zu lügen. In den vier Jahren im Weißen Haus befand ich mich zwei Mal in solchen Situationen.«[130] In dem einen Fall war die Lüge durch den Wunsch motiviert, unschuldige Menschen vor Schmerz und Demütigung zu schonen, und im anderen Fall ging es um militärische Pläne zur Rettung amerikanischer Geiseln im Iran. Powell war nicht gerade ein Gewohnheitslügner, und das war auch sein Chef nicht. Carter war vermutlich zu sehr Moralpolitiker und zu wenig Realpolitiker, um als Präsident erfolgreich zu sein. Seine Nachfolger haben sich der Wahrheit gegenüber weitaus freier verhalten. Die Bush-Regierung log zweifellos, um die Invasion in den Irak zu rechtfertigen.[131] Sie behauptete, es gäbe valide Beweise, dass Saddam Hussein ein enger Alliierter von Osama bin Laden gewesen sei und dass es unbestreitbar der Wahrheit entspräche, dass der Irak über Massenvernichtungswaffen verfüge. Dies entsprach nicht der Wahrheit und die Bush-Regierung wusste darum. Möglicherweise glaubten sie, Saddam hätte Massenvernichtungswaffen oder sei zumindest im Begriff, in ihren Besitz zu gelangen, aber ihnen war klar, dass es keine hinreichenden Belege für eine solche Behauptung gab, weshalb es eine Lüge war, zu behaupten, sie würden es sicher wissen. Die Verbindung zwischen Hussein und bin Laden war ohnehin frei erfunden.

Die Lügen der Bush-Regierung im Vorfeld der Irak-Invasion zeichnete im Speziellen aus, dass sie sich nicht nur gegen die eigene Bevölkerung richteten, sondern auch gegen Regierungschefs anderer Länder. Der amerikanische Politikwissenschaftler John J. Mearsheimer weist darauf hin, dass Regierungschefs und Diplomaten einander nur selten belügen.[132] Anfangs glaubte er, das Gegenteil sei der Fall, änderte jedoch seine Meinung, nachdem er die Sache näher untersucht hatte. Er räumt ein, dass es selbstverständlich eine Reihe von Beispielen dafür gibt, dies sei jedoch die Ausnahme. Anderen Regierungschefs erfolgreich eine Lüge aufzutischen, ist nicht leicht, da ihnen häufig bereits viele Informationen über die betreffende Angelegenheit vorliegen oder sie im Nachgang dafür sorgen werden, sich zu informieren. Oftmals wiederum ist das gegenseitige Vertrauen so gering, dass Behauptungen nur geglaubt werden, wenn sie belegt werden können, das gilt vor allem dann, wenn die Länder keine Alliierten sind. »Trust, but verify.« (Vertrauen ist gut, Kontrolle ist besser.) Diese Phrase, die oft Ronald Reagan zugeschrieben wird, ist ein altes russisches Sprichwort: *Doverjaj, no proverjaj*. Reagan war im Vorfeld von Gesprächen mit Michail Gorbatschow empfohlen worden, einige russische Sprichwörter zu lernen, um in den Verhandlungen für einen guten Ton zu sorgen. Reagan war von dieser Floskel begeistert und wiederholte sie so oft, dass Gorbatschow dem überdrüssig wurde. Ungeachtet dessen ist klar: Wenn alle Behauptungen verifiziert werden müssen, ist es mit dem Vertrauen nicht weit her.

Wenn ein Regierungschef oft lügt, wird dies eine zukünftige Zusammenarbeit erschweren, weil es wenig verlockend ist, Verträge mit jemandem zu schließen, dem man nicht vertrauen kann. Henry Kissinger wies den Gebrauch von Betrug in politischen Verhandlungen scharf zurück.[133] Im politischen Geschehen habe man es wieder und wieder mit denselben Menschen zu tun und selbst wenn man mit einem Betrug erfolgreich gewesen sein sollte, werde die Beziehung darunter derart leiden, dass zukünftige Verhandlungen schwer durchzuführen sein würden. Allerdings muss gesagt werden, dass Kissinger, milde ausgedrückt, ein recht flexibles Verhältnis zur Wahrheit hatte und ihn wohl kaum jemand als kompromisslos ehrlich bezeichnet hätte. Stalin seinerseits konnte man durchaus ehrlich nennen, als er erklärte, seiner Meinung nach käme der Wahrheit in der Diplomatie keinerlei Funktion zu, sie sei faktisch ebenso unmöglich wie »trockenes Wasser«.

Staatsoberhäupter lügen häufiger gegenüber Regierungschefs rivalisierender Länder, aber auch gegenüber freundlich gesinnten Staaten oder Alliierten, wenn sie glauben, dies diene ihren Interessen. Zum Beispiel log Israel bezüglich seines Atomwaffenprogramms sowohl Freunden – wie den USA – als auch Feinden gegenüber. Israel hat den Besitz von Atomwaffen nie offiziell bestätigt, dass das Land jedoch über solche verfügt, ist vermutlich das am schlechtesten gehütete Geheimnis innerhalb der internationalen Sicherheitspolitik. Wenn Regierungschefs einander belügen, geschieht dies beispielsweise als Übertreibung hinsichtlich ihrer militärischen Ressourcen, um andere abzuschrecken oder als Untertreibung, um selbige ohne die Einmischung anderer aufbauen zu können.

Der Erfolg einer solchen Lüge kann sich auf lange Sicht rächen. Der Sowjetunion gelang es, die USA davon zu überzeugen, ein weitaus größeres Arsenal an Marschflugkörpern zu besitzen, als es der Fall war. Daraufhin verstärkten die USA den Waffenwettlauf jedoch beträchtlich, weil die enormen militärischen Ressourcen der Sowjetunion besorgniserregend zu sein schienen. Das führte wiederum dazu, dass die Sowjetunion weitaus größere Ressourcen als gewollt aufwenden musste, um mit den USA Schritt zu halten. Wirtschaftlich betrachtet brach der Waffenwettlauf der Sowjetunion das Genick. Die Lüge sollte dazu dienen, die weitere Existenz der Sowjetunion zu sichern, trug schließlich aber erheblich zu ihrem Untergang bei. An anderer Stelle log Griechenland bezüglich seines Budgetdefizits, um Zugang zur Eurozone zu erhalten, wofür ein Defizit von weniger als drei Prozent gefordert war. Griechenland behauptete selbst, nicht gelogen zu haben, die Fehlinformation sei vielmehr der Unordnung in der Staatsbilanz geschuldet. Ungeachtet dessen hatte Griechenland unwahre Informationen über seine Staatsfinanzen angegeben, wofür es während der Finanzkrise 2008 und in den Folgejahren hart bestraft wurde.

Hingegen betont Mearsheimer, dass Regierungschefs im Hinblick auf außenpolitische Belange ihre *eigene* Bevölkerung weitaus häufiger belügen. Die Motive können dabei durchaus hehr sein, wie die von Franklin D. Roosevelt, der das amerikanische Volk belog, damit die USA in den Zweiten Weltkrieg einsteigen konnten, als er zu Recht befürchtete, Deutschland würde es ansonsten gelingen, ganz Europa zu besetzen. Daher sagte er im August 1941, die Deutschen hätten das Schiff USS »Greer« angegriffen. Seine Absichten waren gut und das Resultat war gut. Dennoch kann man die Frage stellen, ob die Lüge akzeptabel war. Aus einer nutzenethischen Perspektive betrachtet, war sie das zweifellos, jedoch kann argumentiert werden, dass die Bevölkerung ein Recht darauf hatte, nicht belogen zu werden, und dass Roosevelt dieses Recht verletzt hat.

Mearsheimer behauptet, dass außenpolitische Lügen in der Regel vergeben oder von der Bevölkerung sogar mit Beifall bedacht werden, sofern die Ergebnisse gut oder zumindest nicht allzu schlecht sind, dass innenpolitische Lügen normalerweise jedoch stärker verurteilt werden. Er erklärt diesen Unterschied damit, dass die wichtigste Aufgabe von Regierungschefs darin besteht, das Überleben des Staates zu sichern. In der Außenpolitik sind die Staaten in einem hobbesianischen Naturzustand eher durch den

Kampf jedes gegen jeden charakterisiert, und es gibt keine Weltpolizei, die ein Staat rufen könnte, wenn er in Schwierigkeiten gerät. Jeder einzelne Staat muss daher Zuflucht in den Mitteln nehmen, die notwendig sind, um das eigene Überleben zu sichern, darunter Lüge und Betrug. Auf dem innenpolitischen Feld besteht hingegen eine ganz andere Ordnung, die es Schutz suchenden Bürgern ermöglicht, sich an den Staat zu wenden, sodass Lügen und Betrug hier nicht mit derselben Begründung verteidigt werden können wie in der Außenpolitik. Eine einfache Erklärung, die Mearsheimer nicht erwähnt, wäre, dass es in der Außenpolitik ein »wir gegen sie« gibt, während sich in der Innenpolitik eher ein »wir gegen den Staat« findet.

Ein wichtiger Typ politischer Lügen sind die nationenbildenden, die gern eine heroische Vergangenheit heraufbeschwören, in denen jeder Schandfleck – selbst Völkermord – ausgelöscht wird. Solche Lügen können als Variante von Platons »noblen Lügen« betrachtet werden. Ein gewisser Anstrich »kreativer« Geschichtsschreibung findet sich wohl in allen Staaten, da jeder Staat den Wunsch hat, durch Stärkung des Nationalstolzes den Zusammenhalt zu fördern. Einige Länder gehen dabei zweifellos weiter als andere. In Russland hat man beispielsweise unter Putin zu drastischen Schritten gegriffen, um alles zu beschönigen, was die Sowjetunion während des Zweiten Weltkriegs getan hat, um dies für die aktuelle

Nationenbildung zu verwenden. Für multiethnische Gesellschaften, die ernsthafte Konflikte zwischen unterschiedlichen Gruppen kennen, kann eine solche Geschichtsschreibung besonders problematisch sein. In bosnischen Schulen haben die Schüler in »nationalen Fragen« ein unterschiedliches Pensum, abhängig davon, ob sie »bosnisch«, »serbisch« oder »kroatisch« sind, und das betrifft nicht zuletzt die Darstellung der Geschehnisse während des Bürgerkriegs in den 1990er-Jahren. Dieses Vorgehen erscheint wie das beste Rezept, um die Konflikte zwischen den Gruppen aufrechtzuerhalten. In vielen Ländern werden die nationenbildenden Lügen jedoch wohlwollend aufgenommen, weil die Menschen sie schlicht und einfach hören wollen.

Dass Bürger anderer Länder nicht an die Lügen glauben, hat eine untergeordnete Bedeutung. Wenn man ab und an gegen die Darstellung des eigenen Landes durch andere Länder protestiert, geschieht dies weniger zur Überzeugung der Ausländer, sondern vielmehr der eigenen Bevölkerung. Sollte es gelingen, die Bürger anderer Länder zu überzeugen, wäre dies ein Bonus, den man kaum erwarten kann, weil die Bürger anderer Länder selten das gleiche Interesse haben werden, an diese Lügen zu glauben. *Einige* Ausländer erreicht man vielleicht, so gibt es in den meisten Ländern sogar eine Handvoll Enthusiasten, die an Nord-Koreas Propaganda glaubt. Selbstverständlich gibt es Ausnahmen, bei denen es gelungen ist, auch einem breiten ausländischen Publikum eine verherrlichende Darstellung eines Sachverhalts zu verkaufen, wie bei den Lobreden auf »die bolivarianische Revolution« des Chávez-Regimes in Venezuela. Trotzdem bleibt das heimische Publikum das wichtigste. Die wenigsten Politiker gehen beim Erzählen solcher Lügen irgendein wesentliches Risiko ein. Lügen hingegen, deren Absicht es ist, Inkompetenz, Korruption oder andere Arten von Gesetzesbruch zu verschleiern, haben ein weniger gnädiges Publikum, wie etwa Richard Nixon im Watergate-Skandal erfahren musste.

Machtämter korrumpieren, und das gilt sowohl für Politiker mit guten Absichten als auch für jene, bei denen das Gegenteil der Fall ist. Wie können wir den Absichten derjenigen vertrauen, die uns belügen? Auch wenn sie sich selbst davon überzeugt haben sollten, in den besten Absichten zu handeln, wäre es denkbar, dass sich fragwürdige Motive eingeschlichen haben. Und wenn wir ihren Motiven trauen könnten: Wie können wir auf ihr Urteilsvermögen vertrauen? Wenn eine Regierung ihre Bürger belügt, verlieren diese einen wesentlichen Teil der Möglichkeit zu protestieren, beziehungsweise der Politik eine informierte Zustimmung zuteilwerden zu lassen. Lüge steht grundlegend im Widerspruch zum Wesen der Demokratie. Das betrifft offensichtlich die schwarzen Lügen, nimmt aber auch mutmaßlich gut gemeinte Lügen nicht aus. Die altruistische Lüge ist eine paternalistische Lüge und kann in der politischen Domäne ein enormes Ausmaß annehmen, wenn die Regierung ihr Volk mit der Begründung belügt, es sei zu seinem besten. Der Paternalist nimmt an, die Bürger seien wie Kinder, die sich keine vernünftigen Meinungen bilden können. Politische Lügen gegenüber der eigenen Bevölkerung sind mit einer genuinen Demokratie unvereinbar, weil dem Volk die Möglichkeit genommen wird, freie, informierte Entscheidungen zu treffen. Die Bevölkerung zu belügen, ist gleichbedeutend damit, sie einem Zwang auszusetzen.

Die Lüge ist mit der Idee der Demokratie unvereinbar und doch eine unumgängliche Tatsache in der wirklichen Demokratie. Liberale Demokratie basiert auf Kritik, darauf, dass alle Bürger das Recht haben, ihre Ansichten über die Entwicklung der Gesellschaft auszudrücken und das setzt voraus, dass sie Zugang zu zuverlässigen Informationen haben. Das Öffentlichkeitsprinzip des amerikanischen Philosophen John Rawls besagt, dass die Behörden keine Politik betreiben sollten, die sie nicht fähig oder willens sind, öffentlich vor den Bürgern zu verteidigen.[134] Ein Grundprinzip der modernen Demokratietheorie lautet, dass die Entscheidungsprozesse politischer Organe so öffentlich wie möglich sein sollen. Hat die Öffentlichkeit keinen Einblick, könnte man die Behörden nur schwer für die betriebene Politik zur Verantwortung ziehen, teils, weil man nicht immer wüsste, *welche* Politik betrieben wird und teils, weil man nicht wüsste, *warum* sie betrieben wird. So gesehen steht Geheimhaltung im Widerspruch zur Demokratie. Gleichzeitig ist klar, dass ein gewisses Maß an Geheimhaltung aus Rücksicht auf nationale Sicherheit, Personenschutz und ähnlichem unumgänglich ist. Geheimhaltung und Lüge sind indessen verschiedene Dinge. Kann das Bedürfnis nach Geheimhaltung auch Lüge verteidigen?

Kann es für eine Regierung oder die öffentlichen Behörden legitim sein, die Bürger zu belügen? Der britische Philosoph Glen Newey geht soweit zu behaupten, dass die Bürger in demokratischen Staaten unter gewissen Umständen ein *Recht* darauf haben belogen zu werden.[135] Das Argument lautet: Wenn eine Regierung verpflichtet ist, eine Maßnahme umzusetzen, und diese Maßnahme nur unter der Voraussetzung umgesetzt werden kann, dass die Regierung in der Bevölkerung falsche Ansichten erzeugt, indem sie sie belügt, habe die Regierung eine Pflicht zu lügen und die Bürger ein Recht belogen zu werden. Das setzt weiterhin voraus, dass die Bürger vorab ihre Zustimmung gegeben haben, unter bestimmten Umständen belogen werden zu dürfen, zum Beispiel, wenn die nationale Sicherheit auf dem Spiel steht. Isoliert betrachtet ist dieses Argument plausibel. Wenn ich Sie bitte, mich zu belügen, habe ich mein Recht verwirkt, nicht angelogen zu werden. Sind Sie mir gegenüber zudem verpflichtet, und kann diese Pflicht nur erfüllt werden, wenn Sie mich anlügen, haben Sie die Pflicht zu lügen. Das Problem ist selbstverständlich, dass ich Ihnen kaum glauben werde, wenn wir vorab vereinbart haben, dass Sie lügen sollen. Dasselbe trifft auf einen Staat zu: Wenn die Bürger damit einverstanden sind, dass der Staat sie belügt, weil sie selbst den Staat gebeten haben, dies zu tun, wird das Vertrauen, dass der Staat die Wahrheit sagt, deutlich geschwächt, und dann wird auch die Lüge ihren Effekt verlieren. Nun haben die Bürger allerdings nie ihre Zustimmung dazu gegeben, angelogen zu werden, und es fällt mir schwer, mir eine Volksabstimmung über das Recht des Staates zur Lüge vorzustellen. Eine solche Politik würde voraussetzen, dass die Bürger ein exzeptionell starkes Vertrauen in den Staat haben, namentlich darin, dass der Staat nur in Fällen lügt, die die Bürger akzeptieren. Doch wie können die Bürger wissen, ob ein Staat, der die Erlaubnis zum Lügen hat, es nur dann tut, wenn die nationale Sicherheit auf dem Spiel steht? Betrachtet man viele der Lügen, die in der modernen amerikanischen Politik aufgedeckt wurden, wobei Watergate, Iran-Contra und die Irak-Invasion zu den besonders bekannten Fällen zählen, waren es deutlich häufiger die Interessen der Machthaber als nationale Interessen, die in Wirklichkeit die Lügen motivierten. Ein Ausdruck wie »nationale Interessen« ist zudem so flexibel, dass er viel zu viel beinhalten kann.

Trump – ein totalitärer Lügner in einer liberalen Demokratie

In einer Abhandlung über Lüge und Politik kommt man unmöglich um Donald Trump herum.[136] Alle amerikanischen Präsidenten haben gelogen. Ronald Reagan äußerte zum Beispiel eine große Anzahl unwahrer Behauptungen, doch Trumps Niveau erreicht er nicht annähernd. Trump unterscheidet sich von seinen Vorgängern. Wo sie strategische Lügen über spezifische Fragen erzählten, hat Trump über praktisch alles gelogen, von den kleinsten Lappalien bis hin zu ernsthaften sicherheits- und gesundheitspolitischen Anliegen. Das fast Komische an Trumps Unwahrheiten war, dass viele von ihnen ganz offensichtlich unwahr waren, wie die Behauptung über die Anzahl der Anwesenden bei seiner Amtseinführung als Präsident. Eine solche Verachtung der Wirklichkeit sieht man sonst nur in totalitären Regimen. Trump log innerhalb des Rahmens einer liberalen Demokratie »totalitär«, und dies stellte einen derart markanten Bruch mit etablierten Spielregeln dar, dass sowohl politische Gegner als auch eine kritische Presse ratlos waren, wie sie mit ihm umgehen sollten. Er spielte ein anderes Spiel als sie.

Mit dem Lügen ist Trump selbstverständlich nicht alleine. Auch Putin hat ein eher lockeres Verhältnis zur Wahrheit und scheut sich nicht, klare Fakten zu leugnen, wie solche, dass Russland in den Abschuss eines Flugzeugs der Malaysia Airlines am 17. Juli 2014 über der Ukraine involviert war, bei dem 298 Menschen getötet wurden. Man kann kaum sagen, dass Putin größeren Respekt vor der Wahrheit hat als Trump, er kommt mit seinen Lügen jedoch leichter davon, weil es ihm gelungen ist, die kritische Presse in Russland im Wesentlichen zu eliminieren. Auch Trump hätte es am liebsten gesehen, die kritische Presse loszuwerden, die er als den größten Feind des amerikanischen Volkes bezeichnete, jedoch ist ihm das nicht gelungen. Laut der Washington Post, die versucht hat, einen Überblick über Trumps Unwahrheiten zu behalten, äußerte Trump in seinen ersten drei Jahren als Präsident 16 241 Unwahrheiten oder stark irreführende Behauptungen. Die Anzahl der Unwahrheiten pro Tag ist in seiner Amtsperiode stetig gestiegen und hat nach Ablauf der vier Jahren die Marke von 25 000 passiert. Das bezieht sich freilich nur auf seine öffentlichen Mitteilungen – hinzu kommen Lügen, die er in privateren Zusammenhängen und hinter verschlossenen Türen von sich gegeben hat.

Selbstverständlich ist es eine Frage der Auslegung, wie weit eine Behauptung von den tatsächlichen Umständen abweichen muss, um unwahr oder stark irreführend zu sein, trotzdem sollte es unbestritten sein, dass kein früherer amerikanischer Präsident weniger wahrhaftig war als Trump. Streng genommen können wir, wie beschrieben, nicht mit Sicherheit sagen, dass Trump gelogen hat. Man kann konstatieren, dass er in einem rasanten Tempo unwahre Behauptungen vorgebracht hat, um jedoch zu entscheiden, ob er gelogen hat, wahrheitlich war oder Bullshit von sich gegeben hat, müsste man seinen Gemütszustand kennen, und das tun wir nicht. Auf ihn können wir höchstens indirekt schließen durch das, was er gesagt und getan hat.

Das größte Rätsel ist, wie es möglich war, so aufzutreten, wie Trump es getan hat und trotzdem so viel Zustimmung zu erhalten, wie er sie bekommen hat. Trump ist ein einfacher Redner, der die traditionelle Politikerrhetorik nicht beherrscht, die es vermeidet, die Wahrheit zu sagen, indem sie sie eher verdreht als zu lügen. Genau das hat sich als eine seiner Stärken als Politiker erwiesen. Während des amerikanischen Wahlkampfs 2016 hatte ich eine dreistündige Autofahrt von Washington zu einer Universität in Virginia, wo ich eine Gastvorlesung halten sollte. Zu diesem Zeitpunkt hatten die Republikaner ihren Kandidaten noch immer nicht gewählt, vielen Meinungsumfragen zufolge hatte Trump jedoch gute Chancen. Ich selbst hatte es als selbstverständlich betrachtet, dass er nicht der Kandidat der Republikaner werden würde, und der Gedanke, dass er der nächste Präsident der USA werden könnte, war mir kaum in den Sinn gekommen. Im Laufe der Autofahrt fing ich an, das anders einzuschätzen. Mein Fahrer, ein ganz gewöhnlicher, netter Kerl, Bruder des Polizeipräsidenten der Stadt, in der sich die Universität befand, war

Trump-Enthusiast. Das verwunderte mich, denn bis zu diesem Zeitpunkt war ich noch niemandem begegnet, der alle Sinne beisammenhatte und Trump für einen guten Präsidentschaftskandidaten hielt. Mein Fahrer hatte zweifellos alle Sinne beisammen. Sein wichtigstes Argument, warum Trump sein Favorit war, lautete: »Er sagt es, wie es ist!« Gerade Trumps Wahrhaftigkeit wurde als sein Vorzug gegenüber allen anderen Kandidaten hervorgehoben. Es war leicht nachvollziehbar, warum die anderen Kandidaten, sowohl auf republikanischer als auch auf demokratischer Seite, wenig glaubwürdig erschienen. Dort aber, wo ich Trump als einen Kandidaten einschätzte, der den Mangel an Glaubwürdigkeit der anderen Kandidaten verblassen ließ, schätzte mein Fahrer dies umgekehrt ein. Weil er sich von den anderen Kandidaten absonderte, erschien Trump ihm als »Wahr-sager« in Person zwischen lauter Korrupten, als einer, der es wagte, die Wahrheit auszusprechen, der andere Politiker auswichen.

In einer im März 2020 veröffentlichten Untersuchung gaben 71 Prozent der republikanischen Wähler an, dass Trump ehrlich sei, während nur sieben Prozent der demokratischen Wähler dieser Auffassung waren.[137] Diese Zahlen waren seine ganze Amtsperiode hindurch recht stabil, außerdem gab es durchweg mehr Menschen, die der Ansicht waren, er mache als Präsident einen guten Job, als jene, die ihn für ehrlich hielten. Eine Interpretation dieser Untersuchung wäre, dass die Wähler Ehrlichkeit eine untergeordnete Bedeutung beimessen, weil auch allen anderen Politikern Unehrlichkeit unterstellt wird und man sich daher auf andere Kriterien stützen muss. In den USA befindet sich das Vertrauen der Bevölkerung in die Massenmedien seit langer Zeit in freiem Fall, wobei das Misstrauen bei republikanischen Wählern am größten ist. In einer solchen Situation erscheinen die Informationen der Massenmedien nicht als zuverlässiges Korrektiv zu den Behauptungen der Trump-Administration, selbst wenn die Bürger der Meinung sein sollten, die Trump-Administration sei nicht glaubwürdig.

Trump ging kompromisslos nach dem Muster vor, die betreffende Person, statt ihrer Äußerungen zu kritisieren. Wurde er damit konfrontiert, dass er etwas Unwahres gesagt habe, bestand seine Strategie nicht darin, seine ursprünglichen Behauptungen weiter zu untermauern, sondern vielmehr zu behaupten – meist ohne weitere Begründung, dass derjenige, der die Kritik vorgebracht hatte, nicht glaubwürdig sei, was implizierte, dass auch die Kritik nicht glaubwürdig und daher irrelevant sei. Es lässt sich festhalten, dass seine Strategie nicht darin bestand, die eigene Glaubwürdigkeit zu fördern, sondern vielmehr die Glaubwürdigkeit aller kritischen Stimmen zu unterminieren. Wenn keinem zu vertrauen ist, kann man ebenso gut Trump wie der Washington Post glauben.

Die USA priesen ihre ikonischen Präsidenten für eine ganz exzeptionelle Wahrhaftigkeit. Es beginnt mit der Erzählung darüber, wie George Washington es als Kind einfach nicht fertiggebracht hatte, dahingehend zu lügen, dass er einen Kirschbaum abgeschlagen hatte. Ironischerweise war die Erzählung per se eine Lüge. Einer von Washingtons frühen Biografen, Mason Locke Weems, hatte sie erfunden, weil sie in die Huldigung passte, die er hatte schreiben wollen. Bei der Anekdote handelte es sich sogar um ein Plagiat, gestohlen vom Werk *The Minstrel* des schottischen Autors und Philosophen James Beattie. Ungeachtet dessen wurde Ehrlichkeit als Tugend angesehen und kein Präsident war weiter davon entfernt, diese Tugend zu verkörpern als Donald Trump.

Als Ronald Reagan seine Beteiligung am Iran-Contra-Skandal einräumte, geschah dies mit folgender Aussage: »Ich habe dem amerikanischen Volk gesagt, dass ich keine Waffen gegen Geiseln eingetauscht habe. Mein Herz und meine besten Absichten sagen mir, dass das wahr ist, Fakten und Beweise sagen mir jedoch, dass dem nicht so ist.« Dieser Gegensatz zwischen den Fakten und dem, was Reagan als wahr *empfand*, ist verblüffend und weist auf Trump hin, jedoch erkannte Reagan wenigstens an, dass es Fakten gibt und dass diese nicht immer mit dem eigenen Gefühl übereinstimmen. Reagan hielt also eine Trennung von Wahrheit und Wahrheitlichkeit aufrecht. Im Trump-Regime fiel dieser

Gegensatz weg. Es wurde nicht anerkannt, dass es eine unabhängige Wirklichkeit geben kann, die dem widersprechen kann, was die Trump-Administration zu behaupten jederzeit für gut erachten mochte. Wo andere in der Regel eine Entschuldigung finden und zugeben würden, dass sie falsch lagen, wenn nachgewiesen würde, dass sie etwas Falsches gesagt haben, machte sich Trump stattdessen zur Regel, die Behauptung einfach zu wiederholen, anscheinend unberührt von dem, was die Fakten besagen mochten. Einer einmal geäußerten Behauptung den Vorzug zu erweisen, wog für ihn schlichtweg schwerer als Fakten. Er ließ sich von der Wirklichkeit nicht korrigieren.

Trump scheint die Inkarnation dessen zu sein, was als »postfaktisch« bezeichnet wird. Die Oxford Dictionaries wählten »Post-Truth« 2016 zum Wort des Jahres und gaben an, dies beziehe sich auf Situationen, in denen objektive Fakten weniger wichtig für die Ausformung der öffentlichen Meinung sind als Appelle an Gefühle und persönliche Glaubensauffassungen. Eine Auslegung von »postfaktisch« ist, dass es eine Situation bezeichnet, in der Sprache, von uns gefällte Urteile und vorgebrachte Behauptungen nicht auf etwas verweisen, das man Fakten oder Wirklichkeit nennen kann. Indessen ist es auch nicht ganz leicht, »Fakten« oder »Wirklichkeit« zu definieren. Ich meinerseits neige zur Definition des amerikanischen Science-Fiction-Autors Philip K. Dicks, wonach Wirklichkeit das ist, was weiterhin da ist, auch wenn man aufhört, daran zu glauben. Diese Definition fängt den entscheidenden Punkt ein, dass die Wirklichkeit unsere Auffassungen davon überschreitet, und dass sie daher als Korrektiv dienen kann. Fehlt es unseren Behauptungen an einem solchen Korrektiv, kann Sprache nichts anderes sein als ein strategisches Spiel. Es gäbe keinen Standard, gegen den die unterschiedlichen Erzählungen abgewogen werden könnten. Haben wir die Wahrheit zugunsten des Postfaktischen verlassen, haben wir auch die Lüge hinter uns gelassen. Wenn Lügen meint, zu sagen, dass etwas anders ist, als man selbst glaubt, wird vorausgesetzt, dass etwas faktisch so oder so *ist*. Das Postfaktische leugnet gerade, dass etwas wirklich so oder so *ist*. Stattdessen gibt es nur sprachliche Äußerungen, die strategisch funktionieren.

Wir alle sind geneigter, Informationen von Quellen anzunehmen, die dieselben Werte haben wie wir und sehen von Quellen mit anderen Werten ab. Das tun wir selbst dann, wenn es nach wissenschaftlichen Kriterien mehr Grund gäbe, auf die letztgenannten zu vertrauen. Wir sind keineswegs so offen für Informationen, die unseren Auffassungen zuwiderlaufen. Diese Bestätigungstendenz können wir uns indessen bewusst machen, und wir können versuchen, ihr entgegenzuwirken, indem wir uns an einer breiteren Palette an Informationen orientieren. In einer Welt, in der die Wahrheit noch Autorität besitzt, in der wir eine Trennung zwischen dem, was wir für wahr *halten* und dem, was wahr *ist*, akzeptieren, gibt es noch Korrektive zu unserer Bestätigungstendenz, während sie in einer Welt des Postfaktischen uneingeschränkten Spielraum hat.

In einer Studie des PEW Research Centers behaupteten 76 Prozent der demokratischen Wähler bei der Präsidentenwahl 2016, sie glaubten, sich mit den republikanischen Wählern nicht auf grundlegende Fakten einigen zu können, während 81 Prozent der republikanischen Wähler dasselbe in Bezug auf die demokratischen Wähler behaupteten.[138] Nach Ansicht der Wähler handelte es sich nicht nur um unvereinbare Werte oder unvereinbare Auffassungen hinsichtlich der besten politischen Maßnahmen, sondern um eine unlösbare Uneinigkeit über die Fakten an sich. Wertepolarisierung führt zu Faktenpolarisierung. Das illustriert, dass Fakten und Werte einander beeinflussen, auch wenn logisch betrachtet eine Grenze zwischen ihnen besteht. Die eigenen Werte wirken leitend für das, was man als relevante Fakten betrachtet, und was man als Fakten betrachtet, ist mitbestimmend für die Werte, die man hat. Wir bekommen nicht nur Gruppenwerte, sondern auch Gruppenfakten.

Man sollte doch glauben, dass sich Uneinigkeiten über Fakten lösen lassen, indem man auf das verweist, was die Forschung besagt, aber das ist nicht immer so leicht. In vielen Fällen ist es recht einfach, eine Uneinigkeit über Faktenfragen beizulegen. Sind Sie und ich uns uneins darüber, ob Gold rosten kann oder wie hoch die Atommasse von Gold ist, können wir schlicht und einfach eine qualitätsgesicherte Quelle konsultieren, um festzustellen, was wahr ist. Sind Werte involviert, wird es schnell komplizierter, weil Expertenwissen dann nicht in der gleichen Weise akzeptiert wird. Obwohl es logisch betrachtet eine konkrete Grenze zwischen Fakten und Werten gibt – man kann Werte nicht von Fakten ableiten oder umgekehrt –, greifen sie in der Praxis ineinander, indem die eigenen Werte leitend auf das wirken, was man als relevante Fakten betrachtet; und was als Fakten betrachtet wird, ist mitbestimmend dafür, welche Werte man hat.

Man kann rationale Diskussionen sowohl über Fakten als auch über Werte sowie den Zusammenhang zwischen beiden führen. Die großen Probleme beginnen, wenn Werte die Fakten überlagern, wenn sie dazu führen, dass man unempfänglich wird für Fakten, die den eigenen Überzeugungen widersprechen. Das Problem besteht kurz gesagt darin, dass es allzu leicht so weit kommt, dass Werte Fakten nicht nur beeinflussen, sondern diese vielmehr überrollen. Nicht in erster Linie in dem Sinne, dass Politiker ihnen passend erscheinende Fakten einfach »erfinden«, obwohl auch das passiert, nicht zuletzt im Falle Trumps, sondern häufiger, dass sie Fakten so selektiv verwenden, dass es nicht anders, denn als unredlich oder schlichtweg Lüge beschrieben werden kann.

In einem so polarisierten Universum sind es nicht die Andersmeinenden, mit denen man sich zusammentut, um zu einem präsumtiv vernünftigen Standpunkt zu gelangen. Sie sind Feinde. Die Echokammer wird auf ein gesellschaftliches Niveau angehoben. Trumps viel erwähnte Mauer, die entlang der Grenze zu Mexiko verlaufen sollte, zog sich in der Realität quer durch die amerikanische Bevölkerung. Es ist diese »Mauer«, die es ermöglicht hat, dass Trump in diesem Ausmaß mit der Flut an beweisbaren Unwahrheiten davonkam. Wohl kaum hat die Mehrheit seiner Anhänger das Postfaktische in die Arme geschlossen, auch wenn die Trump-Administration das getan haben sollte. Die meisten sorgen sich um Wahrheit und Unwahrheit und betrachten die Sprache nicht ausschließlich als ein Werkzeug in einem rein strategischen Spiel, in dem man Punkte machen kann. Es scheint eine Form von Selbstbetrug seiner Anhänger zu sein, bei dem sie entscheiden, ihm zu glauben, weil sie ihm glauben *wollen*, und bei dem sie von all dem absehen, das einem Außenstehenden besagt, dass es ihm an Glaubwürdigkeit fehlt.

Wie bereits erwähnt, kann man nicht mit Sicherheit feststellen, inwieweit Trumps Unwahrheiten als Lüge, Bullshit oder Wahrheitlichkeit kategorisiert werden sollten, festhalten kann man aber auf jeden Fall, dass sein Umgang mit der Wahrheit kein Beispiel für eine webersche Verantwortungsethik ist –

vielmehr handelt es sich um eine machiavellische Realpolitik. Des Weiteren muss gesagt werden, dass sie von einem ganz anderen Format war als das, was man bisher in irgendeiner liberalen Demokratie gesehen hatte.

Mit Lüge leben

Wir brauchen keine Begründung, um die Wahrheit zu sagen, aber wir brauchen einen Grund zum Lügen.[139] Wir ziehen es schlicht vor, die Wahrheit zu sagen, wenn wir dadurch das Gewollte erreichen können. Der Bedarf einer Lüge entsteht, wenn wir ein Problem bewältigen müssen, das uns die Wahrheit erschaffen würde.

Diese Asymmetrie gilt nicht nur für den Absender, sondern auch für den Empfänger. Man braucht einen Grund, um anzunehmen, dass jemand lügt. In der Regel wird man annehmen, dass die Menschen die Wahrheit sagen. Da sie dies im Großen und Ganzen auch tun, tut man damit das Richtige. So wird man fortfahren, bis man Gründe findet, um sich zweifelnd oder abweisend zu positionieren. Zum Beispiel könnten Sie es für wichtig erachten, dass ich einst ein notorischer Lügner war, oder dass ich viel dadurch zu gewinnen habe, dass Sie mir glauben, während es mir zum großen Nachteil wäre, wenn es sich nicht so verhält, wie ich sage oder meine Aussage erscheint Ihnen schlicht unangemessen, weil sie vielen anderen Ihrer Ansichten widerstrebt. Wie auch immer: Sie brauchen *Gründe*, um zu glauben, dass ich lüge.

In *Die ethische Forderung* schreibt der dänische Philosoph und Theologe K. E. Løgstrup:

> »Es gehört zu unserem menschlichen Dasein, daß wir einander normalerweise mit natürlichem Vertrauen begegnen. Das gilt nicht nur, wenn wir einen Menschen treffen, den wir gut kennen, sondern auch bei der Begegnung mit einem Wildfremden ist es der Fall. Es müssen schon besondere Umstände vorliegen, ehe wir einem Fremden von vornherein mit Argwohn gegenübertreten. […] Er muß sich erst irgendwie verdächtig gemacht haben, ehe wir ihn verdächtigen. Von vornherein glauben wir einander, und von vornherein vertrauen wir einander. So merkwürdig das auch sein mag, es gehört nun einmal zum Menschsein. Wir könnten einfach nicht existieren, unser Dasein würde verkümmern und verdorren, wenn einer den anderen von vornherein beargwöhnte, ihm Lügen und Stehlen zutraute und ihn des Betrügens und Verstellens verdächtigte.«[140]

Løgstrup zufolge ist derartiges Vertrauen eine Grundbestimmung des Menschseins. Wir *entschließen* uns im Grunde nicht, jemandem Vertrauen entgegenzubringen – vielmehr ist es einfach da. Vertrauen ist das Erste, das Gegebene, und man braucht einen Grund, um es durch Misstrauen zu ersetzen.

Denken wir rationaler darüber nach, inwieweit wir anderen Vertrauen entgegenbringen sollten, erkennen wir, dass es viele Situationen gibt, in denen es vollkommen unproblematisch ist darauf zu vertrauen, dass andere nicht lügen, nicht zuletzt, wenn beide Parteien gegenseitigen Nutzen daraus ziehen, ehrlich zueinander zu sein, zum Beispiel bei der Zusammenarbeit an einem Projekt, wo beide davon abhängig sind, dass der andere seine Aufgabe gut macht. Es gibt gute Gründe, Fremden zu vertrauen, die nichts dadurch gewinnen, unehrlich zu sein. In anderen Situationen ist stärkerer Zweifel angebracht. Dem deutschen Philosophen und Soziologen Georg Simmel zufolge ist Vertrauen selten absolut – normalerweise hat man einen bestimmten *Grad* des Vertrauens zu jemandem.[141] Wenn ich darauf vertraue, dass Sie nicht lügen, bedeutet dies nicht, dass ich unbedingt darauf vertrauen muss, dass Sie wahrhaftig sind. In Fragen, die eine gewisse Kompetenz erfordern – zum Beispiel zur Einschätzung epidemiologischer Fakten während der Corona-Pandemie –, muss ich Ihren Spekulationen keineswegs vertrauen, wenn es Ihnen an einer solchen Kompetenz fehlt, auch wenn Sie vollkommen aufrichtig sind.

Große Teile unseres Wissens basieren auf Vertrauen. Jeder muss auf Informationen von anderen Bürgern, Journalisten, Experten und so weiter vertrauen. Und diese müssen wiederum auf andere vertrauen. Da wir uns nicht selbst versichern können, dass jene, von denen wir annehmen, dass sie die Wahrheit verwalten, dies auch wirklich tun – weil das voraussetzen würde, dass wir über ebenso viel Wissen verfügten wie sie, und dann würden wir sie nicht brauchen –, müssen wir auf andere Autoritäten vertrauen, die uns wiederum sagen, welchen Autoritäten wir vertrauen können. Vieles, von dem wir glauben, Kenntnis zu haben, basiert auf einem Glaubensakt, wobei wir uns dazu entscheiden, den einen zu glauben und den anderen nicht. Wir können nicht in jeder Einzelheit selbst von Grund auf feststellen, was wahr ist. Wir müssen uns zwangsläufig auf Autoritäten stützen. Die Frage lautet: auf welche?

Was reflektiertes Vertrauen von naivem Vertrauen unterscheidet, ist eine Offenheit für Gegenargumente, eine Offenheit dafür, dass der andere keine Ahnung von dem hat, worüber er spricht oder dass er lügt. Für letztere Annahme braucht es Gründe, die es in unseren alltäglichen Interaktionen im Umgang mit Bagatellen jedoch selten gibt. Bei Abwesenheit solcher Gründe ist es zweckmäßig, ohne Weiteres anzunehmen, dass der andere die Wahrheit sagt. Das senkt die Transaktionskosten, die wir aufbringen, wenn wir miteinander interagieren. Es bedarf keiner zusätzlichen Versicherungen, welche die Interaktion verkomplizieren würden. Menschen, die einander vertrauen, können in einer Unmittelbarkeit miteinander umgehen, die es in einem Klima von Misstrauen nicht gibt. Ohne das generelle Vertrauen der Menschen zueinander würde sich die Gesellschaft laut Simmel schlichtweg auflösen.[142] Daher beschreibt er Vertrauen als »eine der wichtigsten synthetischen Kräfte innerhalb der Gesellschaft«.[143] Eine Gesellschaft, in der es an gegenseitigem Vertrauen fehlt, wäre keine eigentliche Gesellschaft, nur eine Sammlung isolierter Individuen, die stets voreinander auf der Hut sein müssen. Wahrhaftigkeit ist eine Voraussetzung für Zivilisation. Ohne Respekt vor der Wahrheit haben wir keinen Grund mehr, einander zu vertrauen, und ohne Vertrauen zerfällt die Zivilisation. Ohne das Vertrauen, dass wir einander verlässliche Informationen geben, können wir uns auf solche nicht stützen. Die Interaktion mit anderen beinhaltet immer ein Risiko. Das Vertrauen basiert auf einem Glaubensakt, der es ermöglicht, mit einer gewissen Unsicherheit umzugehen, sodass Interaktion möglich wird. Zerfällt das Vertrauen, resultieren daraus isolierte Gruppen und Individuen.

Damit wir überhaupt miteinander kommunizieren können, scheint ein grundlegendes Vertrauen vorhanden sein zu müssen. Können wir nicht annehmen, dass andere im Prinzip die Wahrheit sagen, bricht unsere Kommunikation zusammen. Die Annahme von Wahrheit ist eine notwendige Voraussetzung für Verständnis. Ich muss annehmen, dass die meisten Ihrer Behauptungen wahr sind, ansonsten wäre Ihre Wirklichkeit überhaupt nicht in Kontakt mit meiner. Würden wir in zwei verschiedenen Wirklichkeiten leben, könnten wir einander indessen nicht verstehen. Es ist nicht möglich, sich eine Person vorzustellen, die nur lügt, und zu der man gleichzeitig ein kommunikatives Verhältnis haben kann. Lüge muss per Definition ein Teilphänomen sein, eine Abweichung von einer umfassenderen Wahrhaftigkeit.

An einem gewöhnlichen Tag, an dem man mit der Familie, mit Freunden und Kollegen spricht, E-Mails empfängt, Zeitung liest, Nachrichten schaut, mit Verkäuferinnen spricht und so weiter, ist klar, dass man im Laufe eines Tages eine große Anzahl von Behauptungen darüber empfängt, dass etwas so oder so ist. Abgesehen von speziellen Fällen, wie wenn jemand eine Behauptung vorbringt, die stark dem widerspricht, was man sonst für wahr hält, nimmt man es als gegeben, dass die Menschen ehrlich sind. In unserer alltäglichen Haltung zueinander sind wir nicht darauf aus, uns durch Lüge zu betrügen. Das könnte kaum anders sein. Versuchen Sie, sich vorzustellen, wie ein gewöhnlicher Tag aussehen würde, wenn Sie annehmen würden, dass die Leute im Wesentlichen unehrlich sind. Sie würden kaum etwas unternehmen können, das andere Menschen einbezieht.

Die kurze Antwort auf die Frage, wer ehrlich ist, lautet: Die meisten Menschen die überwiegende Zeit. Denn die meisten Menschen lügen, wie bereits erwähnt, weniger als der Durchschnitt.[144] Sozialpsychologischen Studien zufolge lügen Menschen im Durchschnitt bei etwa einem Viertel ihrer alltäglichen Interaktionen mit anderen. Diese Durchschnittswerte sind jedoch irreführend, da eine Mehrheit der Studienteilnehmer sehr wenig lügt, während eine Minderheit sehr viel lügt, weshalb Letztgenannte den Durchschnitt nach oben treibt. Wir Menschen sind typischerweise ziemlich wahrhaftig. Studien zur Lügenhäufigkeit sind außerdem so angelegt, dass sich zwangsläufig hohe Zahlen ergeben. Die Studien, die Lügen bei jeder vierten Interaktion veranschlagen, sind so aufgebaut, dass ein Gespräch mindestens zehn Minuten ohne eine Lüge bestehen muss, um als »ehrlich« eingestuft zu werden, während jedes Gespräch, unabhängig davon, wie kurz es ist, als »lügnerisch« kategorisiert wird, sofern es mindestens eine Lüge beinhaltet. Lügen machen in unserer Kommunikation einen äußerst kleinen Teil aus.

Gerade weil die meisten Menschen die meiste Zeit wahrhaftig sind, kann der Lügner mit seinem Vorhaben erfolgreich sein. Eine lügende Minderheit kann von dem Vertrauen schmarotzen, das eine ehrliche Mehrheit erschafft. Deshalb tut ein Lügner gut daran, meistens wahrhaftig zu sein und die Lügen mit Sorgfalt zu portionieren, da niemand einer Person vertrauen wird, die sich als ein notorischer Lügenbold erwiesen hat. Laut Hannah Arendt hat der Lügner einen großen Vorteil gegenüber dem Wahrhaftigen: Er weiß vorab, was sein Publikum zu hören erwartet und kann die Botschaft entsprechend anpassen, statt sich einer Wirklichkeit fügen zu müssen, die ab und an weitaus weniger plausibel wirken kann als die Lüge.[145] Lüge ist eine Kränkung des Vertrauens, dessen wir bedürfen, um zusammen zu funktionieren. Wie Montaigne es formuliert:

> »Da wir uns allein durch das Wort verständigen können, verrät, wer es fälscht, die Gesellschaft. Das Wort ist der einzige Weg, auf dem Denken und Wollen der Menschen miteinander kommunizieren, es ist der Mittler unserer Seelen. Wenn es uns verlorengeht, geht der Zusammenhalt zwischen uns verloren, und wir haben keine Kenntnis mehr voneinander. Wenn es uns betrügt, zerstört es all unseren Umgang, und alle Bande des menschlichen Miteinander werden zerrissen.«[146]

Da Lüge ein so ernstes Phänomen ist, wäre es schön, wenn es ein einfaches Rezept gäbe, um Lügner zu entlarven. Das gibt es nicht. Man kann keine Techniken erlernen, die dabei helfen, Lügner zu entlarven, während sie einen anlügen. Die meisten Lügen werden im Nachhinein aufgedeckt. Studiert man die Literatur über unterschiedliche Anzeichen der Lüge, wird man herausfinden, dass es diese eigentlich nicht gibt. Quer durch alle Kulturen ist die Auffassung verbreitet, dass Lügner uns nicht in die Augen schauen, allerdings gibt es keinen wissenschaftlichen Beleg dafür, dass Lügner Augenkontakt vermeiden.[147] Manchmal blicken sie einem direkt in die Augen, andere Male nicht. Das gleiche gilt für Verhaltenszüge wie Unfreundlichkeit, Unsicherheit und Zögern.[148] Derartiges Verhalten führt dazu, dass die Menschen einem Absender weniger vertrauen, was jedoch keinerlei Bezug dazu hat, inwieweit dieser in der Tat ehrlich ist oder nicht.

Wirkt jemand freundlich, aufmerksam, selbstsicher und engagiert, wird man geneigter sein zu glauben, dass die Person ehrlich ist, aber auch das ist vollkommen unabhängig davon, ob sie tatsächlich ehrlich *ist*. Wir können mit hinreichender Präzision voraussehen, welcher Absender ehrlich oder unehrlich wirkt, das hilft uns jedoch nicht dabei zu entscheiden, welcher Absender tatsächlich die Wahrheit sagt. Belege für Anzeichen von Lüge bestehen gerne darin, dass Lügner ihre Tonlage oft ein wenig erhöhen und etwas größere Pupillen bekommen, aber nicht einmal das liefert eine besonders große Prädiktionskraft. Personen, die darauf trainiert werden, Lügner zu entlarven, werden etwas geschickter darin, diese zu identifizieren, gleichzeitig aber werden sie etwas schlechter darin, diejenigen auszumachen, die die Wahrheit sagen, weshalb sie insgesamt nicht treffsicherer werden.[149] Man könnte meinen, dass sie nicht darin trainiert werden, zwischen ehrlichen und unehrlichen Personen zu unterscheiden, sondern vielmehr darin, misstrauischer zu werden.

In Studien, in denen Teilnehmer gebeten wurden einzuschätzen, ob eine andere Person die Wahrheit sagt oder lügt, ist die Treffsicherheit nur wenig besser – rund 54 Prozent –, als hätten sie eine Münze geworfen. Statistisch ist das nicht unbedeutend, jedoch so gering, dass es keinen nennenswerten praktischen

Nutzen hat. Die Erklärung dafür, dass wir ein bisschen, aber nicht viel, flinker sind, als der reine Zufall es besagen würde, ist wohl, dass einige wenige Lügner sehr inkompetent sind und sich offensichtlich selbst entlarven, während die meisten Lügner ziemlich fähig sind.[150] Des Weiteren muss darauf hingewiesen werden, dass es sich um Situationen handelt, in denen sich die Versuchspersonen bewusst sind, dass die Wahrscheinlichkeit, angelogen zu werden, recht hoch ist. In unserem Alltagsleben begegnen wir anderen selten mit einer solchen Einstellung. Stattdessen agieren wir ausgehend von der unreflektierten Voraussetzung, dass Menschen im Großen und Ganzen die Wahrheit sagen, und da wir schlechte Lügendetektoren sind, bedeutet das, dass der einigermaßen kompetente Lügner meistens mit seinen Lügen davonkommt. Spontane Lügen gelingen im Übrigen marginal besser als die geplanten.[151] Es gibt keinen nennenswerten Zusammenhang dazwischen, ehrlich zu *wirken* und ehrlich zu *sein*. Die meisten, die ehrlich wirken, sind ehrlich; doch ehrlich wirken auch die meisten derjenigen, die unehrlich sind. Vereinzelte, die unehrlich wirken, sind in der Tat ehrlich, und selbstverständlich gibt es miserable Lügner, die sowohl unehrlich sind als auch so wirken. Verhalten, das man bei Lügnern beobachtet, findet man auch bei den Ehrlichen, und Verhalten, das man mit Ehrlichkeit verbindet, wird man auch bei Lügnern observieren können. »Zeichen« für Ehrlichkeit und Unehrlichkeit sind schlicht und einfach wenig wert. Was man durch das Studium solcher Zeichen vor allem lernen kann, ist, wie man ein besserer Lügner wird, kein besserer Lügendetektor. Man kann lernen, wie man ehrlicher wirkt, was jedoch nicht dabei hilft zu entscheiden, wer tatsächlich ehrlich *ist*.

Um ein besserer Lügendetektor zu werden, gibt es nur eins: Man sollte weniger Aufmerksamkeit darauf aufwenden, *wie* sich Menschen verhalten, wenn sie etwas sagen, und mehr darauf, *was* sie tatsächlich sagen. Wirkt es glaubwürdig, ausgehend von dem, was Sie sonst zu wissen meinen? Gibt es Belege für ihre Behauptungen? Stimmt es mit den Aussagen anderer Quellen überein? Zudem kann es selbstverständlich von Vorteil sein, ein wenig darüber zu wissen, ob die betreffende Person normalerweise ehrlich ist oder nicht. Zumeist ist es *die Sache*, die einen Lügner entlarvt, nicht sein Verhalten. Eine Ausnahme sind selbstverständlich die Fälle, in denen der Lügner auf eigene Initiative sein Vergehen einräumt. Unabhängig davon: Wenn Sie Lügen entlarven wollen, sollten Sie Ihre Aufmerksamkeit nicht auf das Seelenleben des Lügners richten, sondern auf Fakten. Nicht nur der Absender, sondern auch der Empfänger trägt eine Verantwortung einzuschätzen, inwieweit das Gesagte Halt hat.

Allgemein kann man annehmen, dass Menschen die Wahrheit sagen. Dass man ab und an getäuscht wird, ist besser, als ohne Vertrauen zu anderen zu leben.

Das vertrauenslose Leben ist einsam. Wie man über Wahrheit und Lüge denkt, hat Konsequenzen für die Art des Verständnisses von einem selbst, der Beziehung zu anderen und der Gesellschaft, in der man lebt. Im Buch der Psalme (116: 11) heißt es: »Alle Menschen sind Lügner.« Auch wenn das vermutlich der Wahrheit entspricht, ist es präziser zu sagen, dass die meisten Menschen ziemlich wahrhaftig sind.

Eine Verurteilung von Lüge beinhaltet nicht, dass wir zum entgegengesetzten Extrem greifen und darauf bestehen müssen, einander immer die ganze Wahrheit zu erzählen. Müssten wir einander alles sagen, was wir denken, würden wir einander nicht ertragen. Wir müssen Dinge vor anderen Menschen verbergen, und wir müssen eine Trennlinie zwischen dem Privaten und dem Öffentlichen ziehen. Wie Georg Simmel betont, erfordern soziale Beziehungen ein gewisses Maß an Verdeckung und Geheimhaltung, wobei der Umfang abhängig von der Beziehung variiert; Lüge betrachtet Simmel dabei als einen primitiven Ausdruck dieser Notwendigkeit.[152] Hierauf geht auch Kant in seiner *Anthropologie* ein. Er schreibt, man könne sich Wesen auf einem fremden Planeten vorstellen, die nur laut denken können, was bedeutet, dass sie gezwungenermaßen alles äußern, was sie denken.[153] Wären sie nicht reine Engel, würden sie einander jedoch nicht ertragen, so Kant – sie könnten keine Gemeinschaft bilden. Die menschliche Gemeinschaft setzt ein gewisses Maß an Verstellung voraus.

Jedoch ist es Kant zufolge nicht akzeptabel zu lügen, lediglich, seine Gedanken zurückzuhalten.

Für unsere Alltagskommunikation, die nur als zwischenmenschlicher »Kitt« fungieren soll, ist Wahrhaftigkeit nicht so wichtig. Unsere Sprache kann zu vielem anderen verwendet werden, das oft erheblich wichtiger ist, als Wahrheiten auszusprechen. Eine Person, die darauf besteht, bei jeder Sache zu jedem Anlass – zum Beispiel in einer Gesellschaft, die auf ungezwungene Plauderei bei einem Glas Wein angelegt ist – die tiefe und echte Wahrheit hervorzuholen, bricht mit sozialen Normen für den Umgang mit anderen, macht sich allmählich unerträglich und wird nach und nach merken, dass die Anzahl der Einladungen zu gesellschaftlichen Zusammenkünften beträchtlich abnimmt. Es gibt nicht nur pathologische Lügner, sondern auch pathologische »Wahr-sager«, denen es am Verständnis für soziale Beziehungen fehlt, das besagt, dass man keineswegs immer die *ganze* Wahrheit sagen muss, oder es zumindest rücksichtsvoll sein kann, dann und wann Zuflucht in einem Euphemismus oder ähnlichem zu nehmen. In einer Dankesrede beim Essen wird erwartet, dass man sich anders ausdrückt als beim Verfassen einer Restaurantkritik. Die kritische Anmerkung, dass die Soße zu salzig und das Fleisch zu trocken war, hat in einer solchen Rede nichts verloren. Nekrologe beinhalten meist vorteilhafte Beschreibungen des Verstorbenen. Würde man den Dahingeschiedenen als einen unbegabten, unzuverlässigen Mistkerl beschreiben, macht man sich normalerweise eines beinahe unverzeihlichen Sittenbruchs schuldig, auch wenn es der Wahrheit entsprechen sollte. Es gibt viele Kontexte, in denen Unwahrheiten oder Bullshit sowohl akzeptiert als auch erwartet werden und kaum behauptet werden kann, dass sie Schaden anrichten. In gewissen Zusammenhängen besteht die wichtigste Aufgabe des Absenders nicht darin, die Wahrheit zu sagen, womit sowohl der Absender als auch die Empfänger vollkommen einverstanden sind.

Lüge wird es, wie erwähnt, erst dann, wenn der Empfänger berechtigten Grund hat zu erwarten, dass man wahrhaftig ist. Eine Lüge erscheint mitunter als einfache Lösung eines Problems, ist es langfristig jedoch oft nicht. Lügen bedürfen einer Wartung, derer die Wahrhaftigkeit nicht bedarf. Man muss achtsam sein mit dem, was man sagt, und sich selbst überwachen, um sicherzugehen, sich nicht selbst zu entlarven. Hat man mehreren Personen Lügen erzählt, und besonders dann, wenn diese Lügen nicht vollkommen übereinstimmen, stellt dies enorme Anforderungen zum Beispiel in Situationen, in denen mehrere der Empfänger zur selben Zeit anwesend sind. Für Lügner ist es schwer, beim Zusammentreffen mit anderen mental hundertprozentig anwesend zu sein, weil sie aufgrund der Selbstüberwachung die Unmittelbarkeit untergraben, die für eine genuine Verbindung charakteristisch ist. Dadurch, dass die Lügen aufgedeckt werden könnten, schaden sie potenziell nicht nur den Beziehungen anderer zu uns selbst, sie schaden auch unserer Beziehung zu den anderen, weil Lügen Distanz erschaffen.

Kafka weist darauf hin: »Man lügt möglichst wenig, nur wenn man möglichst wenig lügt, nicht wenn man möglichst wenig Gelegenheit dazu hat.«[154] Wahrhaftigkeit muss in uns selbst und nicht in äußeren Umständen verankert werden. Handelt man richtig, nur weil es einem die äußeren Umstände nicht ermöglicht haben, schlecht zu handeln, hat man keinen Charakter entwickelt. Ein wichtiger Grund, keine Lügen zu erzählen, auch nicht über unwesentliche Dinge, liegt darin, dass man zum *Lügner* wird. Man gewöhnt sich daran zu lügen. Aristoteles betont, dass sich moralisches Lernen in hohem Maße darum dreht, das Richtige in der richtigen Weise zum richtigen Zeitpunkt zu fühlen. Durch wiederholte Lügen verlernt man, das Richtige zu fühlen. Neuere Neurowissenschaften unterstützen Aristoteles auch in diesem Punkt. Durch wiederholtes Lügen werden die Gehirnsignale reduziert, die beim Erzählen von Lügen ein Gefühl des Unbehagens verursachen.[155] Es wird immer einfacher zu lügen, ohne dabei Schuld oder Unbehagen zu empfinden.

Nicht nur das: Wir leiden an der irrigen Auffassung, dass man durch sich selbst auch andere erkennt. In Wirklichkeit kennen wir kaum uns selbst, als die notorischen Selbstbetrüger, die wir sind. Dennoch ziehen wir aus unserem Selbstverständnis Schlüsse auf das Verständnis anderer. Man weiß zum Beispiel, dass unser Selbstbild im Hinblick auf Gewalttätigkeit entscheidend dafür ist, wie schnell wir zu Gewalt greifen oder nicht.[156] Diejenigen, die sich selbst als gewalttätig einschätzen, interpretieren auch andere schneller als gewalttätig und meinen weitaus häufiger, dass der Einsatz von Gewalt in gewissen Situationen daher legitim sei. Genauso fassen Menschen, die andere betrügen, andere als betrügerischer auf, als es bei ehrlichen Menschen der Fall ist.[157] Wer lügt, und wem folglich nicht zu trauen ist, glaubt auch, dass andere lügen und folglich auch ihnen nicht zu trauen ist. Weil den anderen nicht zu trauen ist, so lautet die Schlussfolgerung, ist es legitim, sie anzulügen. Die Verlogenheit wird selbstverstärkend. Man kann sagen: Wer lügt, lebt in einer anderen Welt als es der Ehrliche tut, in einer unzuverlässigen Welt statt in einer zuverlässigen. Die Wahrheit ist, dass man anderen Menschen im Großen und Ganzen vertrauen kann, indem er aber selbst lügt, untergräbt der Lügner auch sein eigenes Vertrauen, und für jede Lüge, die der Lügner erzählt, wird er erleben, eine stets weniger zuverlässige Welt zu bewohnen. Das ist kein gutes Leben.

Mir fällt nicht eine einzige Situation ein, aus der ich besser herausgekommen bin, weil mich jemand angelogen hat. Meine Kenntnis beschränkt sich selbstverständlich auf die Fälle, in denen mir die Lüge klar geworden ist, und es ist ebenso möglich, dass es Fälle gibt, in denen mir eine Lüge durchaus gutgetan hat, was ich im Grunde aber bezweifle. Mir fällt auch keine Situation ein, in der ich auf lange Sicht etwas Gutes getan habe, indem ich jemanden angelogen habe. Keine meiner Lügen hat wohl nicht wiedergutzumachenden Schaden angerichtet – die meisten haben vermutlich kaum eine Rolle gespielt –, jedoch wünschte ich, mich in diesen Fällen für andere Lösungen entschieden zu haben.

Vielleicht ist die Wahrheitlichkeit ein größeres Problem als die Lügenhaftigkeit. Mehr als der vorsätzliche Betrug ist unsere mentale Faulheit Quelle der Unwahrheit im Umgang miteinander; wir machen uns nicht die Mühe zu untersuchen, inwieweit das, was wir für wahr halten, wirklich wahr *ist*. Dennoch ist eine Lüge empörender, weil sie einen größeren Vertrauensbruch darstellt. Wenn ich Sie anlüge, wende ich mich an Sie und bitte um Gutwilligkeit, darum, dass mir geglaubt wird, und verwende es dann gegen Sie.

Wir sind moralisch verpflichtet, uns zu bemühen, wahrhaftig zu sein, sowohl gegenüber anderen als auch gegenüber uns selbst. Wichtig ist nicht die Wahrheit, denn die entzieht sich unserer Kontrolle. Nur weil sich die Wahrheit nicht unserem Willen und unseren Wünschen fügt, kann sie überhaupt Wahrheit sein. Hingegen ist Wahrhaftigkeit etwas, das wir in weitaus größerem Maße zum Gegenstand unseres Willens machen können. Man braucht keine moderne Wahrheitstheorie, um die beiden Wahrheitstugenden zu erfüllen: Aufrichtigkeit und Genauigkeit. Es ist ausreichend zu sagen, wie etwas unserer Meinung nach ist und einen angemessenen Einsatz zu leisten, um uns zu versichern, dass es wirklich so ist, wie wir glauben. Selbst wenn wir in der Praxis dann und wann daran scheitern, sollte dies für uns alle machbar sein.

Dank

Ein großes Dankeschön an Siri Sørlie, Espen Gamlund, Erik Thorstensen, Erling Kagge und Joakim Botten für ihre Anmerkungen zum Manuskript. Alle Ungenauigkeiten und Unwahrheiten, die sich im Buch finden mögen, gehen voll und ganz auf meine Kappe. Ich habe versucht wahrhaftig zu sein, kann aber nicht ausschließen, dass sich sowohl Bullshit als auch Wahrheitlichkeit eingeschlichen haben. Gleichwohl hoffe ich, dass das Buch frei von Lügen ist.

Vereinzelte Abschnitte dieses Buches bauen auf früheren Arbeiten auf: *Hva er sannhet*? (Oslo 2018), »Fakta og verdier« (Oslo 2019), »Om sannhet«, in: Odd Fellow: *Verdier i vår tid* (Oslo 2019) und »Forord«, in Harry Frankfurt: »Om Bullshit« (Oslo 2008)

Personenregister

Endnoten

1 Timothy R. Levine: Duped. Truth-Default Theory and the Social Science of Lying and Deception, Tuscaloosa: The University of Alabama Press 2020, Kap. 9.

2 Für einen guten Überblick über die Forschungslage, siehe Jörg Meibauer (Red.): The Oxford Handbook of Lying, Oxford 2018.

3 Für eine Übersicht, siehe Bella M. Depaulo: »Lying in Social Psychology«, in: Jörg Meibauer (Red.): The Oxford Handbook of Lying, Oxford 2018.

4 Arne Næss: »Truth« as Conceived by Those Who Are Not Professional Philosophers, Skrifter Utgitt av Det Norske Videnskaps-Akademi i Oslo Il. Hist.-Filos. Klass 1938 Nr. 4, Oslo 1938.

5 Aristoteles: Metaphysics, Übers. W. D. Ross, The Complete Works of Aristotle II, Princeton 1985, 1011b25.
Hier verwendet: Aristoteles, Metaphysik, 2 Bde., Hamburg 1989/1991, 1011b, 25 f. [30.12.2021].

6 Bernard Williams: Truth and Truthfulness: An Essay in Genealogy. Princeton 2002.

7 Immanuel Kant: »Beantwortung der Frage: Was ist Aufklärung?«, in Kants gesammelte Schriften, Band VIII, Preußische Akademie der Wissenschaften (Red.), 29 Bd. Berlin/New York 1902, S. 33.

8 Augustinus: »Enchiridion« und »De Mendacio«, in Kevin deLapp und Jeremy Henkel (Red.): Lying and Truthfulness, Indianapolis/Cambridge 2016, S. 4–35.

9 Immanuel Kant: Kritikk av dømmekraften, Übers. Espen Hammer, Oslo 1995, § 53, S. 209.
Hier verwendet: https://www.projekt-gutenberg.org/kant/kuk/kukp531.html [08.06.2021]

10 Ludwig Wittgenstein: Filosofiske undersøkelser, Übers. Mikkel B. Tin, Oslo 1997, § 249.
Hier verwendet: http://www.philolex.de/wittgens.htm [08.06.2021]

11 Ludwig Wittgenstein: Filosofiske undersøkelser, § 580.

12 George Orwell: »Politics and the English Language«, Horizon 76/1946.
13 George Orwell: 1984, Übers. Michael Walter, München 2010, S. 63.
14 Harry Frankfurt: Bullshit, Übers. Michael Bischoff, Frankfurt am Main 2014, S. 40, 41.
15 G. A. Cohen: »Deeper into Bullshit«, in Sarah Buss und Lee Overton (Red.): Contours of Agency: Themes from the Philosophy of Harry Frankfurt, Cambridge, MA 2002.
16 Sissela Bok: Hvite løgner – svarte løgner, Übers. Trond Berg Eriksen, Oslo 1979.
17 Aristoteles: Die nikomachische Ethik, Übers. Olof Gigon, München 2000, S. 197, 1127a27.
18 Ibd., 1127a27.
19 Ibd., 1127b3-7.
20 Aristoteles: Retorikk (dt. Rhetorik), Übers. Tormod Eide, Oslo 2006, 1417b36-1418a1.
21 Hugo Grotius: The Law of War and Peace, Übers. Francis W. Kelsey, in Kevin deLapp und Jeremy Henkel (Red.): Lying and Truthfulness, Indianapolis/Cambridge 2016, S. 38–52.
22 Blaise Pascal: Provinsialbrevene, Übers. Truls Winther, Oslo 1987, 9. Brief, S. 136 f.
23 Augustinus: Enchiridion und De Mendacio, S. 4–35.
24 Thomas von Aquin: Summa Theologiae, in Kevin deLapp und Jeremy Henkel (Red.): Lying and Truthfulness, Indianapolis/Cambridge 2016, S. 158–184.
25 Immanuel Kant: Grundlegung zur Metaphysik der Sitten, in Kants gesammelte Schriften, Band IV, Berlin/New York 1902, S. 402.
26 Immanuel Kant: Metaphysik der Sitten, in Kants gesammelte Schriften, Band VI, Berlin/New York 1902, S. 431.
27 Immanuel Kant: Vorlesungen über Ethik, in Kants gesammelte Schriften, Band XXVII, Preußische Akademie der Wissenschaften (Red.), Berlin/New York 1902, S. 700.
28 Immanuel Kant: Vorlesungen über Ethik, S. 62.
29 Immanuel Kant: Anthropologie in pragmatischer Hinsicht, Stuttgart 2003, S. 291.
30 Immanuel Kant: Vorlesungen über Ethik, S. 446 ff.

31 Immanuel Kant: Metaphysik der Sitten, S. 429. Kant: Vorlesungen über Ethik, S. 604 f., 700.
32 Immanuel Kant: Metaphysik der Sitten, S. 429.
33 Ibd., S. 426.
34 Immanuel Kant: »Über ein vermeintes Recht aus Menschenliebe zu lügen«, in Kants gesammelte Schriften, Band VIII, Preußische Akademie der Wissenschaften (Red.), Berlin/New York 1902, S. 426.
35 Immanuel Kant: Grundlegung zur Metaphysik der Sitten, S. 421.
36 Ibd., S. 429.
37 Baruch de Spinoza: Etikk (dt. Ethik), Übers. Ragnar Herzberg Næss, Oslo 2002, E4p72, S. 233.
38 Immanuel Kant: »Über ein vermeintes Recht aus Menschenliebe zu lügen.«
39 Ibd., S. 427.
40 Ibd., S. 426, 429.
41 Bernard Williams: Truth and Truthfulness, S. 110.
42 Ibd., S. 115.
43 Arthur Schopenhauer: Die Welt als Wille und Vorstellung I, in: Sämtliche Werke, Band I, Frankfurt a. M. 1986, S. 461–466; Arthur Schopenhauer: Über die Grundlage der Moral, in: Sämtliche Werke, Band III, Frankfurt a. M. 1986, S. 755–759.
44 Jeremy Bentham: An Introduction to the Principles of Morals and Legislation, London 1982 (1789).
45 John Stuart Mill: »Bentham«, in: Essays on Ethics, Religion and Society, London 1969, S. 112.
46 John Stuart Mill: »Utilitarianism«, in: Essays on Ethics, Religion and Society, London 1969, S. 223.
47 John Stuart Mill: »Whewell on Moral Philosophy«, in: Essays on Ethics, Religion and Society, London 1969, S. 182.
48 Sissela Bok: Hvite løgner – svarte løgner, S. 111.
49 Michel de Montaigne: »Om løgnere«, in: Essays. Første bok, Übers. Beate Vibe, Oslo 2004, S. 56.
Hier verwendet: https://www.aphorismen.de/zitat/6461 [08.06.2021]

50 Adam Smith: The Theory of Moral Sentiments, Glasgow Edition Vol. 1, Indianapolis 1976, S. 338.
51 Robert Trivers: The Folly of Fools. The Logic of Deceit and Self-Deception in Human Life, New York 2011.
52 Friedrich Nietzsche: Menneskelig, altfor menneskelig. En bok for frie ånder (dt. Menschliches, Allzumenschliches. Ein Buch für freie Geister), Übers. Øystein Skar und Steinar Mathisen, Oslo 2012, § 52, S. 60.
Hier verwendet: http://www.zeno.org/Philosophie/M/Nietzsche,+Friedrich/Menschliches,+Allzumenschliches/Erster+Band/Zweites+Hauptst%C3%BCck.+Zur+Geschichte+der+moralischen+Empfindungen/52.+Der+Punkt+der+Ehrlichkeit+beim+Betruge [08.06.2021]
(Friedrich Nietzsche: Werke in drei Bänden. München 1954, Band 1, S. 487, 488.)
53 K. Patricia Cross: »Not Can But Will College Teachers Be Improved?«, New Directions for Higher Education 17/1977.
54 Emily Pronin, Daniel Y. Lin, D. Y. & Lee Ross: »The bias blind spot: Perceptions of bias in self versus others«, Personality and Social Psychology Bulletin 3/2002.
55 Bernard Williams: »Truth, Politics, and Self-Deception«, Social Research 3/1996, S. 606.
56 Blaise Pascal: Gedanken, Übers. Wolfgang Rüttenauer, Birsfelden-Basel 1976, S. 361.
57 Immanuel Kant: Die Metaphysik der Sitten, S. 441 f.
58 Immanuel Kant: Anthropologie in pragmatischer Hinsicht, §4, S. 46.
Hier verwendet: https://gdz.sub.uni-goettingen.de/id/PPN682035084?tify={%22pages%22:[58],%22panX%22:0.484,%22panY%22:0.511,%22view%22:%22info%22,%22zoom%22:0.662} [08.06.2021]
59 Jean-Jacques Rousseau: Träumereien eines einsamen Spaziergängers, Übers. R. J. Humm, Klosterberg, Basel 1943, S. 80.
60 Über die Freundschaft und die Fehde zwischen Rousseau und Hume, siehe David Edmonds und John Eidinow: Rousseau's Dog: A Tale of Two Great Thinkers at War in the Age of Enlightenment, London 2007.

61 Jean-Jacques Rousseau: Träumereien eines einsamen Spaziergängers, Übers. R. J. Humm, Klosterberg, Basel 1943, S. 142.
62 Jean-Jacques Rousseau: The Confessions and Correspondence, Including the Letters to Malherbes, Übers. Christopher Kelly, Hanover/London 1995, S. 551 f.
63 Ibd., S. 289, 300.
64 Ibd., S. 433.
65 Jean-Jacques Rousseau: Träumereien eines einsamen Spaziergängers, Übers. R. J. Humm, Klosterberg, Basel 1943, S. 96.
66 In Bekenntnisse sagt er hingegen, allen, die er kannte, frei davon erzählt zu haben. (Rousseau: The Confessions and Correspondence, S. 300.)
67 Jean-Jacques Rousseau: Träumereien eines einsamen Spaziergängers, S. 80 f.
68 Ibd., S. 86.
69 Zit. n. Joanna Bourke: An Intimate History of Killing: Face-to-Face Killing in Twentieth Century Warfare, London 1999, S. 171 f.
70 Jean-Jacques Rousseau: Träumereien eines einsamen Spaziergängers, S. 21.
71 Adam Smith: The Theory of Moral Sentiments, S. 84.
72 Ibd., S. 110.
73 Ibd., S. 153.
74 Ibd., S. 113 f.
75 Ibd., S. 158 f.
76 T. S. Eliot: The Complete Poems and Plays, London/Boston 1969, S. 14.
77 Erving Goffman: The Presentation of Self in Everyday Life, New York 1959.
78 Immanuel Kant: Anthropologie in pragmatischer Hinsicht, § 14, S. 45.
Hier verwendet: https://gdz.sub.uni-goettingen.de/id/PPN682035084?tify={%22pages%22:[57],%22panX%22:0.375,%22panY%22:0.627,%22view%22:%22info%22,%22zoom%22:0.794} [08.06.2021].
79 Vgl. Paul Ricoeur: Eksistens og Hermeneutikk, Übers. H. H. Ystad, Oslo 1999.

80 François de La Rochefoucauld: Maksimer, Übers. Anne-Lisa Amadou, Oslo 2004, § 119.
81 Quin M. Chrobak & Maria S. Zaragoza: »Inventing stories: Forcing witnesses to fabricate entire fictitious events leads to freely reported false memories«, Psychonomic Bulletin & Review 15/2008.
82 Danielle Polage: »The Effect of Telling Lies on belief in the Truth«, Europe's Journal of Psychology 4/2017.
83 Erving Goffman: The Presentation of Self in Everyday Life, New York 1959, S. 59.
84 Aristoteles: Die nikomachische Ethik, 1099a31-b7, 1155a22-6, 1169b10.
85 Aristoteles: Eudemian Ethics, Übers. J. Solomon, The Complete Works of Aristotle II, Princeton: Princeton University Press 1985, 1237b11-30.
86 François de La Rochefoucauld: Maksimer, § 84.
87 Ibd., § 86.
88 Immanuel Kant: Metaphysik der Sitten, S. 471. Kant: Vorlesungen über Ethik, S. 425 f.
89 Immanuel Kant: Vorlesungen über Ethik, S. 679.
90 Immanuel Kant: Metaphysik der Sitten, S. 471 f.
91 Ibd., S. 471.
92 Immanuel Kant: Vorlesungen über Ethik, S. 430.
93 Emmanuel Carrère: Doktor Romand. En sann historie, Übers. Hilde Sophie Plau, Oslo 2002.
94 François de La Rochefoucauld: Maksimer, § 410.
95 Robert Nozick: Anarchy, State, and Utopia, New York: Basic Books 1974, S. 42.
96 François de La Rochefoucauld: Maksimer, § 147.
97 Platon: Gesetze, Übers. Otto Apelt, Leipzig 1945, St730, S. 147.
98 Platon: Der Staat, 4. Aufl., Übers. Otto Apelt, Leipzig 1916, St415, S. 130.
Hier verwendet: https://digital.ub.uni-leipzig.de/mirador/index.php#322969b7-908d-44bd-b33c-841a1d472236-998 41a1d472236 [08.06.2021]
99 Ibd., 414, S. 128.

Hier verwendet: https://digital.ub.uni-leipzig.de/mirador/index.php#322969b7-908d-44bd-b33c-841a1d472236 [08.06.2021]

100 Ibd., 389b.
Hier verwendet: http://www.zeno.org/Philosophie/M/Platon/Der+Staat/Drittes+Buch [08.06.2021] (Platon: Sämtliche Werke, Band 2, Berlin 1940, S. 81–123.)

101 Ibd., 389b–c.
Hier verwendet: http://www.zeno.org/Philosophie/M/Platon/Der+Staat/Drittes+Buch [08.06.2021] (Platon: Sämtliche Werke, Band 2, Berlin 1940, S. 81–123.)

102 Ibd., 389d.

103 Ibd., 459c–d.
Hier verwendet: http://www.zeno.org/Philosophie/M/Platon/Der+Staat/F%C3%BCnftes+Buch [08.06.2021] (Platon: Sämtliche Werke, Band 2, Berlin 1940, S. 161–205, 174.)

104 Platon: Lovene, 730c.

105 Niccolò Machiavelli: Fyrsten, Übers. Jon Bingen, Oslo 1988, Kap. XVIII. Vgl. Niccolò Machiavelli: Discorsi, Buch III, Übers. Jon Bingen, Oslo 2004, Kap XL–XLII.

106 Niccolò Machiavelli: Discorsi, Buch I, Übers. Jon Bingen, Oslo 2004, S. 24.

107 Thomas Hobbes: Leviathan, Cambridge 1991, Kap. 27, S. 206.

108 Ibd., Kap. 13, S. 90.

109 Ibd., Kap. 30, S. 231 f.

110 Siehe besonders ibd., Kap. 42.

111 Ibd., Kap. 46, S. 474.

112 Max Weber: Politik als Beruf, München/Leipzig, 2. Aufl., 1926, S. 57, 58.

113 Ibd., S. 58.

114 Bezüglich des Ausdrucks »schwacher Konsequentialismus« siehe Brian Barry: Liberty and Justice, Oxford 1991.

115 Max Weber: Politik als Beruf, München/Leipzig: Verlag von Duncker & Humblot, 2. Aufl., 1926, S. 57.

116 Hannah Arendt: Essays in Understanding, New York 1994, S. 354.

117 Alexandre Koyré: »The Political Foundation of the Modern Lie«, Contemporary Jewish Record VIII/1945, S. 291.
118 Hannah Arendt: »Sannhet og politick«, in: Politikk i dystre tider, Übers. Agnete Øye, Christian Janss und Johan Ludwig Mowinckel, Oslo 2019, S. 381.
119 Hannah Arendt: The Origins of Totalitarianism, San Diego/ New York/London 1979 (1951), S. 9.
120 Hannah Arendt: Essays in Understanding, New York 1994, S. 147.
121 Zitiert nach James M. Glass: »Life Unworthy of Life«: Racial Phobia and Mass Murder in Hitler's Germany, New York 1997, S. 27.
122 Hannah Arendt: Essays in Understanding, S. 354. Vgl. Arendt: The Origins of Totalitarianism, S. 385, 392.
123 Hannah Arendt: »From an Interview«, New York Review of Books, 26. Oktober 1978.
124 Hannah Arendt: The Origins of Totalitarianism, S. 478.
125 Aristoteles: Die nikomachische Ethik, 1161b9 f.
126 Hannah Arendt: The Origins of Totalitarianism, S. 477.
127 Harry Frankfurt: Bullshit, S. 46.
128 Hannah Arendt: »Sannhet og politikk«, S. 369.
129 Siehe z. B. Eric Alterman: When Presidents Lie: A History, New York 2004.
130 Jody Powell: The Other Side of the Story, New York 1984, S. 223.
131 Siehe z. B. John J. Mearsheimer: Why Leaders Lie: The Truth About Lying in International Politics, Oxford/New York 2013, S. 50–55.
132 Ibd.
133 Henry Kissinger: Years of Upheaval, Boston 1982, S. 214, 485.
134 John Rawls: A Theory of Justice, Cambridge, MA 1971, S. 133; John Rawls: Political Liberalism, erw. Ausg., New York 1996 (1993), S. 66 ff.
135 Glen Newey: »Political Lying: A Defense«, Public Affairs Quarterly 2/1997.
136 Die beste Übersicht über Trumps Unwahrheiten liefert The Washington Post Fact Checker Staff: Donald Trump and

His Assault on Truth: The President's Falsehoods, Misleading Claims and Flat-Out Lies, New York 2020.

137 Pew Research Center: »Few Americans Express Positive Views of Trump's Conduct in Office«, 5. März 2020. https://www.people-press.org/wp-content/uploads/sites/4/2020/03/PP_2020.03.05_Views-of-Trump-Conduct_FINAL.pdf [08.06.2021].

138 Pew Research Center: »Republicans and Democrats agree: They can't agree on basic facts«, 23. August 2018. https://www.pewresearch.org/fact-tank/2018/08/23/republicans-and-democrats-agree-they-cant-agree-on-basic-facts/ [26.01.2022].

139 Vgl. Sissela Bok: Hvite løgner – svarte løgner.

140 Knud Ejler Løgstrup: Die ethische Forderung, Übers. Rosemarie Løgstrup, Tübingen 1959, S. 7 f.

141 Georg Simmel: Philosophie des Geldes, Gesamtausgabe Band 6, Frankfurt a. M. 1989, S. 215.

142 Ibd.

143 Georg Simmel: Soziologie. Untersuchungen über die Formen der Vergesellschaftung, 7. Aufl., Berlin 2013, S. 274.

144 Levine: Duped, Kap. 9.

145 Hannah Arendt: Crises of the Republic, San Diego/New York/London 1972, S. 6.

146 Michel de Montaigne: »Wenn man einander des Lügens bezichtigt«, in: Essais. Erste moderne Gesamtübersetzung von Hans Stilett. Zweites Buch, Essay 18. Frankfurt a. M. 1998, S. 333.

147 Levine: Duped, S. 9.

148 Ibd., S. 248.

149 Ibd., S. 46.

150 Ibd., S. 239.

151 Ibd., S. 43.

152 Georg Simmel: Soziologie. Untersuchungen über die Formen der Vergesellschaftung, S. 383–414. Simmel: »Zur Psychologie und Soziologie der Lüge«, in Aufsätze und Abhandlungen 1894–1901, Gesamtausgabe Band 5, Frankfurt a. M. 1995, S. 406–419.

153 Immanuel Kant: Hva er mennesket?, § 14, S. 212.

154 Franz Kafka: Die Zürauer Aphorismen, Frankfurt a. M. 2006, § 58.
Hier verwendet: https://de.wikisource.org/wiki/Betrachtungen_%C3%BCber_S%C3%BCnde,_Leid,_Hoffnung_und_den_wahren_Weg [08.06.2021]

155 Neil Garrett, Stephanie C. Lazzaro, Dan Ariely & Tali Sharot: »The brain adapts to dishonesty«, Nature Neuroscience 19/2016.

156 Lonnie Athens: Violent Criminal Acts and Actors Revisited, Urbana/Chicago: University of Illinois Press 1997, Kap. 6 und 7.

157 Brad J. Sagarin, Kelton v. L. Rhoads & Robert B. Cialdini, R. B.: »Deceiver's distrust: Denigration as a consequence of undiscovered deception«, Personality and Social Psychology Bulletin 11/1998.

Bibliografische Information der Deutschen Nationalbibliothek
Die Deutsche Nationalbibliothek verzeichnet diese Publikation in der Deutschen Nationalbibliografie; detaillierte bibliografische Daten sind im Internet über http://dnb.d-nb.de abrufbar.

This translation has been published with the financial support of NORLA.

2. Auflage 2023

Lektorat: Tabea A. Rotter, Eppstein
Cover: Karina Bertagnolli, Wiesbaden
Satz und Bearbeitung: Anja Carrà, Weimar
Der Titel wurde in der Adobe Caslon Pro gesetzt.
Gesamtherstellung: CPI books GmbH, Leck – Germany

ISBN: 978-3-7374-1336-7

Mehr über Ideen, Autoren und Programm des Verlags finden Sie auf www.verlagshausroemerweg.de und in Ihrer Buchhandlung.